내 아이 **책**은
내가 고른다

내 아이 **책**은 내가 고른다 (고학년용)

초판 1쇄/2003년 5월 10일
초판 2쇄/2008년 1월  5일

지은이/조월례
펴낸이/신형건
펴낸곳/도서출판 푸른책들

출판등록/1998. 10. 20. 제22-1436호
주소/서울 서초구 양재동 115-6 푸르니 빌딩 2층 (우)137-891
전화/02-581-0334〜5 팩스/02-582-0648
E-mail/prooni@prooni.com
홈페이지/www.prooni.com

값  11,000원

ISBN 89-88578-65-1    04370
ISBN 89-88578-63-5    (세트)

＊잘못된 책은 구입한 곳에서 바꾸어 드립니다.

# 내 아이 책은
# 내가 고른다

조월례 지음

푸른책들

# 머리말

아이들이 재미있는 책을 읽으며 자랄 수 있다는 건 즐거운 특권임에 틀림없습니다. 허나 요즘에는 책을 읽어야 한다는 당위성을 앞세워 무조건 많이 읽게 하거나, 기능적인 효과만을 앞세우는 경향이 없지 않습니다.

감당하기 벅찰 만큼 쏟아져 나오는 책 가운데서 '아이들에게 어떤 책을 읽혀야 하는가'라는 문제는 아이들과 관련 있는 모든 이들의 한결 같은 고민입니다. 이런 고민에 조금이나마 도움이 되기를 바라는 마음으로 책을 골라 보았습니다.

학년별로 나누고 다시 월별로 나누어 한 달에 두 권 정도 골랐습니다. 그리고 더 읽어 볼 만한 책들의 목록을 덧붙여 간단히 소개하였습니다. 책의 권수가 적은 감이 있습니다만 많이 읽기보다 좋은 책을 반복해서 읽는 것이 더 효과적이라 생각합니다.

또 어린이 책읽기는 문학 중심이 되어야 한다는 생각에서 동화책을 많이 골랐습니다. 문학은 우리의 삶을 기반으로 창조된 것으로서 마음의 중심을 어디에 두어야 할지, 삶에서 가치 있는 일은 무엇인지, 살아가면서 만나게 되는 사람들과는 어떻게 어울려야 할지 생각하게 해 주며 세계를 보는 관점을 세우는 데 도움을 줍니다. 당장 눈에 보이는 효과는 부족할지 모르지만 어른들이 미처 헤아리지 못하는 사이에 아이들의 마음이 쑥쑥 자라서 세상에 쓸모 있는 사람이 되기를 바라는 마음으로 골랐습니다.

이 책에 소개한 책들은 부모님이나 선생님들께서도 꼭 읽어 보시기를 권합니다. 좋은 동화는 나이를 초월하여 모든 이들이 읽고 감동을 받을 수 있는 책입니다. 동화의 세계, 아이들의 세계를 이해하는 일은 아이들을 바로 키우는 가장 좋은 길이며 어른들에게도 적지 않는 기쁨을 주는 일입니다.

　여기에 소개한 책들은 학년을 염두에 두어 고르기는 했습니다만 어떤 아이에게는 맞지 않을 수도 있습니다. 아이들은 같은 학년이라도 독서력에 따라 편차가 있을 수 있으며 아이들의 관심이나 개성에 따라 좋아하는 책이 달라질 수 있기 때문입니다. 아이들의 독서력이나 개인의 취향, 관심 영역에 따라 각각 다른 독서 프로그램과 목록이 나온다면 더할 나위 없겠지요. 여기에 소개한 책들은 그러한 최소한의 요구에 부응하여 되도록 같은 학년 아이들이 갖고 있는 공통분모에 근접하도록 골랐습니다. 그러니 어디까지나 참고사항으로 여기시기 바랍니다.

　아무쪼록 이 책이 '내 아이들을 위한 책은 내가 고른다'는 마음을 가진 학부모님들, 아이들에게 읽어 줄 책을 찾는 선생님들께 도움이 되었으면 합니다. 그리고 우리 아이들이 좋은 책을 읽으며 즐겁고 행복한 어린 시절을 보내게 되기를 진심으로 바랍니다.

2003년 봄
조월례

# 차 례

## 5학년에게 권하는 책

## 6학년에게 권하는 책

## 학부모에게 권하는 책

# 4학년에게 권하는 책

# 책, 평생의 친구로 만나기

4학년쯤 되면 아이들은 부모의 사사로운 간섭에서 벗어나 자기만의 세계를 만들어 가고 동무들을 더 좋아합니다. 사회현실에 대한 관심도 부쩍 많아집니다. 좋고 싫음이 분명해서 자기가 좋아하는 분야의 책을 집중적으로 찾아 읽기도 합니다. 과학이나 음악에 관한 책, 혹은 미술에 관한 책, 식물에 관한 책 따위를 특별하게 좋아한다거나 하는 식입니다.

또 어른들의 의지와 상관 없이 자기들만의 유통경로를 갖게 됩니다. 예를 들면 어떤 책이(혹은 어떤 장난감이) 유행한다거나 재미있다거나 하면 저희들끼리 어떻게 해서든 다 구해 봅니다. 어른들이 그것을 좋아할지 싫어할지도 다 판단해서 어른들에게 인정받지 못할 거라고 판단되면 몰래몰래 저희들끼리 돌려 가며 봅니다. 어른들이 권한다고 해서 무조건 수용하지 않는 것입니다.

그러므로 이 시기 아이들에게는 좋은 책을 골라 주는 것도 필요하지만 스스로 좋은 책을 고르는 안목을 길러 주는 것이 더욱 중요합니다. 좋은 책을 꾸준히 보면서 좋은 책에 대한 감을 쌓아 가도록 하는 것입니다. 어려서부터 좋은 책을 읽는 습관을 들인 아이들이라면 이미 흥미 본위의 책들이 나쁜 책이라는 것을 다 압니다. 어른들은 아이들이 나쁜 책을 고를 거라는 염려 때문에 아이들이 책을 선택하는 것을 막는 경우가 많지만 아이들은 스스로 고른 책에 훨씬 더 관심이 많고 그만큼 즐겨 봅니다. 그런 사실을 안다면 아이들의 책 선택권을 섣불리 빼앗는 일은 지양해야 하겠습니다.

어린이 책 시장에서 흥미 본위의 상업주의 책이 난무하는 가운데서도 좋은 책을 가려 내는 힘은 아이와 어른이 함께 쌓아 가야 할 일이지요. 어른들이라고 해서 반드시 좋은 책을 고른다고 장담할 수도 없지 않습니까? 때론 아이들이 고른 책이 썩 마음에 들지 않을 수도 있습니다. 하지만 이처럼 실패하는 경험도 아이들에게는 소중한 자산이 될 수 있습니다. 그런 경험이 쌓여서 자신만의 안목이 생기면 그 안목이야말로 좋은 책을 고르는 가장 정확한 잣대가 될 것입니다.

이 시기 아이들은 관심의 폭이 넓어지는 만큼 독서의 영역도 넓어집니다. 아이들 개개인의 독서력이나 취향을 고려하여 책을 고르게 하는 것이 좋습니다. 국내외 창작동화를 기본으로 하여 인물전이나 지식을 얻을 수 있는 책까지 확대합니다.

책을 읽은 다음에 얼마나 이해했는지 확인하려는 어른들이 많은데 반드시 그럴 필요는 없습니다. 책을 읽으면서 수많은 의식의 흐름이 교차합니다만 누구도 한 인간의 의식을 다 파악할 수는 없습니다. 깊이 생각하며 읽어야 할 책이 있는가 하면 가볍게 군것질하듯이 읽어도 그만인 책이 있습니다. 책을 읽으면서 기억하고 싶은 문구나 그때 그때 떠오르는 생각들을 여백에 메모하면서 읽는 습관을 가지면 내용 파악은 물론 비판력을 기르는 데도 도움이 됩니다.

한 번 읽어서 제대로 이해되지 않으면 두 번이고 세 번이고 반복해서 꼭꼭 씹어 읽도록 합니다. 신통치 않게 많이 읽기보다는 좋은 책을 꼼꼼히 읽고 반복해서 읽는 것이 더 효과적입니다. 물론 그럴 만한 가치가 있는 책에 한해서입니다. 좋은 책을 주변에 추천하면서 함께 읽는 태도를 갖게 한다면 책에 대한 친근감을 쌓아 가고 정보를 나눌 수 있으므로 더욱 좋습니다.

책은 평생의 친구입니다. 너무 무리하지 않고 너무 멀리하지도 말며 편안한 친구를 만나듯 즐기도록 도와 주십시오.

# 『도들마루의 깨비』

이금이 글 / 김재홍 그림 / 푸른책들

## 마음에 길을 내는 아이들

'눈은 활처럼 휘어졌고, 코는 벌름벌름, 입 속으로 목젖이 보이고, 귀까지 쭝긋쭝긋하며 얼굴 전체로 웃는' 깨비가 바로 이 책의 주인공이다. 깨비는 마음의 나이가 초등 학교 1학년만큼밖에 자라지 않은 청년이다. 깨비는 계산한다거나 따진다거나 욕심을 부린다거나 하는 일과는 거리가 멀다. 동네 사람들은 이런 깨비를 바보 같고 모자란다고 '모질이'라 부른다.

깨비는 세 살 때 엄마가 강물에 떠내려간 다음부터 굴러다니는 돌멩이처럼 자랐다. 마을 사람들은 깨비가 나이가 차서 일할 수 있게 되자 허드렛일을 시키고 밥이나 먹여 주면서 주인 없는 동네 강아지 취급한다. 이런 깨비를 처음 발견한 건 초등 학교 1학년인 은우이다.

은우는 깨비 형이야말로 이 세상 어느 누구보다도 착하고 순수한 사람이라는 걸 단번에 알아보고 친구가 된 것이다.

은우가 마음에 낸 길을 따라가다 보면 거기에는 늘 깨비 형이 있다. 은우는 깨비 형만큼 편안하고 재미있는 동무가 없다고 생각한다. 그래서 어른들을 속여 가며 깨비 형을 만난다. 깨비는 상한 빵도 구별하지 못하는 바보지만 청솔모하고도, 개미하고도, 치매노인하고도 마음의 길을 낼 만큼 곱고 착한 심성을 가졌다. 깨비는 모두하고 마음의 길을 내느라 다른 사람들보다 마음의 나이가 늦게 자랐을 뿐이다.

사람들은 깨비를 홀대한다. 나중에는 은우마저도 자기의 잘못을 떠넘기며 등을 돌리지만 깨비는 누구도 원망하거나

미워할 줄 모른다. 깨비는 어떤 잣대를 갖다 대느냐에 따라 천사도 되고 바보도 된다. 은우 엄마처럼 똑 부러지는 사람들에게는 바보 모질이다. 그러나 마음의 길을 낸 은우 같은 사람들에게는 더할 수 없이 마음 편한 형이다. 청솔모에게도 더할 수 없이 좋은 동무이다.

장난 삼아 허무는 개미집을 보고 눈물을 흘리는 깨비, 은우가 일방적으로 마음에 낸 길을 닫아 버리자 어쩔 줄 모르고 허둥대던 깨비, 장맛비에 떠내려간 엄마를 찾을 수 있다는 철석 같은 믿음을 지닌 채 먼 길을 떠난 깨비는 정말 바보인지도 모른다. 그렇지만 바람처럼 떠났다가 어느 날 홀연히 뼈대만 남은 자전거를 타고 나타난 깨비와 만나는 동안 더없이 편안하고 따뜻한 기운이 느껴진다. 그건 깨비 속에 있는 바보스러움과 우리 속에 있는 바보스러움이 서로 만나기 때문인지도 모른다.

작가 이금이 특유의 따뜻하고 부드러운 문체로 그려 낸 깨비와 만나는 동안 독자들은 자신의 마음 속에 깃들어 있던 따뜻한 기운을 스스로 끌어내어 찬찬히 맛보게 된다.

**이금이 동화, 더 읽어 보세요**

『영구랑 흑구랑』 김재홍 그림, 푸른책들
『맨발의 아이들』 김재홍 그림, 푸른책들
『꽃바람』 김재홍 그림, 푸른책들
『나와 조금 다를 뿐이야』 원유미 그림, 푸른책들
『모래밭 학교』 윤영진 그림, 푸른책들
『내 친구 재덕이』 성병희 그림, 푸른책들
『쓸 만한 아이』 원유미 그림, 푸른책들
『햄, 뭐라나 하는 쥐』 송진헌 그림, 푸른책들

『내 친구 비차』

니콜라이 노소프 글 / 김병일 옮김 / 사계절

러시아 학급동화

'숙제 같은 것으로 골치를 썩일 필요는 없어. 어차피 모르니까 남의 것을 베끼는 편이 낫단 말이야. 그 편이 빠르기도 하고 가족들도 내가 숙제를 풀지 못하는 것을 보고 화낼 일도 없잖아.'

비차는 산수라면 생각만으로도 머리가 아파서 이렇게 기막힌 생각을 한다. 그리고 점점 성적이 떨어져도 아랑곳없이 축구라면 정신을 못 차린다. 그러다 보니 칠판 앞에 불려 나가도 문제를 풀지 못하고 동무들이 선생님 눈치를 보며 답을 불러 주어야만 겨우 풀 수 있다. 여동생과 동무들의 충고와 비판을 듣고 나서는 공부를 해 보자고 작정하지만 그 때뿐이다. 숙제부터 하고 놀아야겠다는 다짐도 아이들이 축구하는 모습만 보면 눈 녹듯 사라진다.

비차는 점점 성적이 떨어져 결국 낙제 점수를 받게 된다. 보다 못한 학급 동무들은 학급 벽보에 축구만 좋아하고 성적은 낙제 점수를 받은 비차의 모습을 비꼬는 내용의 만화를 싣는다. 비차는 자존심이 상해서 동무들과 티격태격하며 다시 한 번 공부를 하겠다고 다짐하지만 그것 역시 오래 가지 못한다. 비차의 단짝 코스차도 비차가 산수를 못하는 만큼 국어를 못한다. 코스차는 흰쥐, 강아지와 같은 동물을 키우고 서커스 단원이 되기 위해 연습에 열중하다가 낙제를 한다.

『내 친구 비차』는 이처럼 학교를 무대로 하여 공부로부터 도망가려는 아이들과 공부를 열심히 하여 낙제를 면해 보려는 아이들의 학교 생활을 그린다. 학

급 아이들은 엉뚱한 장난을 일삼거나 걸핏하면 사고를 치는데다 꾀병을 부리고 거짓말까지 하는 비차와 코스차 때문에 골치를 앓는다. 하지만 아이들은 공부 못하는 동무라고 하여 깔보거나 따돌리지 않는다. 대신 두 친구가 성적을 올릴 수 있도록 도와 주기 위하여 여러 가지 방법을 동원한다. 이런 동무들의 노력 덕분에 비차와 코스차는 점차 성적이 올라가고 자기 몫의 일도 성실히 하게 된다.

이처럼 비차네 학급 아이들은 공부를 못하거나 의지가 약하거나 놀기만 좋아하는 아이들을 문제아로 보지 않는다. 서로 경쟁관계가 아니라 함께 살아가는 관계로 인식하기 때문이다. 담임 올리가 선생님이나 교장 선생님도 아이들이 가진 저마다의 빛깔을 인정하는 열린 마음으로 아이들에게 격려와 칭찬을 아끼지 않는다. 저마다의 약점을 장점으로 보완하고 격려하며 함께 성장하는 아이들 이야기가 잔잔한 울림으로 다가온다.

> 에스파냐의 오렌세에 가면 아이들의 나라 벤포스타가 있다. 1956년 실바 신부와 열다섯 명의 아이들이 세운 벤포스타는 인종과 종교가 다른 여러 나라에서 온 아이들이 평등하고 자유롭게 살아가는 진정한 교육 공동체이다. 아이들은 주민 총회라는 의결 기구를 가지고 있으며 자기들만의 화폐를 만들어 쓰고 있다. 또 서커스단과 주유소, 공장 따위를 운영하여 살림을 꾸려 가고 있다. 벤포스타의 핵심이 되는 정신은 조화와 존경. 그래서 프랑코 파시스트 정권 시절 탄생한 이 나라를 이웃 사람들은 공화국이라 부른다.
> -「**어린이 공화국 벤포스타**」(에버하르트 뫼비우스 글, 보리) 중에서

# 『조금만, 조금만 더』

존 레이놀즈 가디너 글 / 마샤 슈얼 그림 / 김경연 옮김 / 시공주니어

## 간절히 원하는 것은 반드시 이룰 수 있다

윌리는 할아버지가 진 500달러의 빚을 갚아야 한다. 그러지 않으면 농장이 남의 손에 넘어간다. 그 때문에 할아버지는 몸져 눕고 말았다. 어린 윌리는 빚을 갚기 위해 백방으로 노력하지만 길이 보이지 않는다. 낙담하던 중 500달러의 상금이 걸린 개 썰매 경주가 있다는 걸 알게 된다.

윌리는 애견 번개를 데리고 그 경기에 출전하기로 한다. 그 경기에는 단 한 번도 진 적이 없는 전설적인 인디언 얼음거인이 출전한다. 500달러의 상금은 윌리에게는 농장을 찾게 할 수 있고, 얼음거인에게는 백인들에게 빼앗긴 땅을 되찾게 할 수 있다. 둘 다 한 치도 양보할 수 없는 경기인 셈이다. 숨막힐 것 같은 경주가 시작된다.

윌리는 간발의 차이로 얼음거인을 앞서지만 곧 선두를 빼앗길 것만 같다. 초조하고 안타까운 마음으로 소리친다. "조금만 더, 번개! 조금만, 조금만 더!" 그러나 번개는 결승선 30미터를 남겨두고 심장이 터져 죽고 만다. 그 때 썰매를 멈추고 말없이 다가온 얼음거인은 어린 도전자 윌리에게 조용히 승리를 양보하는 명장면을 연출한다.

번개의 충정, '간절히 원하는 것은 반드시 이룰 수 있다'는 할아버지의 말씀을 생각하며 경기에 임하는 윌리의 용기, 그리고 인디언 얼음거인의 폭넓은 인간애가 감동의 엑스터시를 경험하게 한다. 간결한 문장과 소박하면서도 차분한 연필 그림이 메시지 전달의 효과를 한층 높인다.

『할머니』

페터 헤르틀링 글 / 페터 크노르 그림 / 박양규 옮김 / 비룡소ˇ

# 어린 손자와 살아가는 당당한 할머니

'부모님을 잃고 할머니와 살아가는 한 소년의 이야기'라는 부제에서 나타나는 이미지는 어둡고 칙칙하다. 그러나 가난한 할머니는 교통사고로 부모를 잃은 다섯 살 된 칼레와 함께 기죽지 않고 살아간다. 할머니는 보통 사람들이 생각하듯 예순여섯의 나이를 늙었다고 생각하지 않는다. 칼레를 고아원에 보낼 수 없기 때문이다.

그래서 시청직원에게 고아 연금을 빨리 주지 않는다고 호통을 치고, 칼레의 허물을 덮어 주기 위해 거짓말도 서슴지 않는다. 할머니는 당당하다 못해 드센 인상까지 주지만 마음 한 켠에 자리한 불안을 떨치지 못한다. 언젠가는 어린 칼레를 다 키우지 못한 채 세상을 떠날 것이란 염려 때문이다. 그 불안함을 떨쳐 내기라도 하듯 할머니는 당당함을 가장한 다소의 허풍을 떨기도 한다.

할머니의 마음이 온통 칼레에게 가 있는 것과 달리 칼레의 마음은 만화영화나 친구와의 약속 같은 일상적이고 사소한 일에 가 있다. 하지만 칼레는 할머니만큼 자기를 사랑하는 사람은 없다는 걸 안다. 동시에 할머니는 점점 늙어가고 있으며 자신이 언젠가는 혼자가 될 것이라는 사실도 온몸으로 느낀다. 칼레는 그 때가 되면 할머니가 주신 넘치는 사랑의 힘으로 살아갈 것이라고 생각한다.

공통분모를 거의 갖지 못한 할머니와 손자가 서로 바라보며 삶과 인간에 대한 이해를 더해 가는 것을 보게 된다.

# 『양파의 왕따 일기』

문선이 글 / 박철민 그림 / 파랑새어린이

# 따돌리지 마!

이 동화의 무대는 교실이다. 교실은 아이들만의 정서가 가장 집약된 곳이라서 그만큼 공감대가 크게 형성될 수 있는 곳이다. 하지만 아이들은 그 곳에서 일어나는 왕따 문제로부터 자유롭지 못하다. 따돌림을 시켜 보았거나, 당해 보았거나, 지켜본 경험이 있을 테니까 말이다.

대개 이런 문제에 부딪치면 그럴 수도 있다고 타협하거나, 난 어쩔 수 없으니까 하면서 정당화하거나, 이러지도 저러지도 못한 채 주춤거리면서 갈등하기 쉽다. 이 책은 이런 왕따 문제를 어떻게 바라볼 것인가, 어떤 식으로 해결할 수 있을까에 대한 해결방법을 풀어 보인다.

양미희는 공부고 운동이고 못하는 게 없는데다 유행을 주도하면서 아이들의 마음을 사로잡는다. 그리고 자신의 성을 따서 '양파' 라는 그룹을 결성한다. 양파들은 교환일기를 쓰는 등 집단의 질서를 유지하면서 맘에 들지 않는 아이를 가혹하게 따돌린다. 게다가 독선적이기도 하다.

미희는 양파들이 자기와 같은 색깔의 옷을 입는 것을 싫어하고, 급식 시간에 먹기 싫은 음식은 양파들에게 떠넘긴다. 양파들은 이런 미희의 비위를 맞추기 위해 마음에 없는 행동을 하고 어른들 돈을 몰래 훔치기도 한다. 정화는 미희와 가까워지고 싶어 기회를 엿보다가 마침내 양파의 일원이 된다.

학급 아이들은 미희의 독선과 이기심에도 불구하고 밉보이지 않기 위해서 애쓴다. 그러다 보니 점점 더 미희의 꼭두각시가 되어 간다.

정화는 미희의 독선적이고 이기적인 행동과 양파들이 미희의 꼭두각시가 되어 있는 모습을 보면서 미희에 대한 마음이 흔들리기 시작한다. 더구나 남자들의 인기투표에서 자신을 앞질렀다는 이유로 양파의 일원이었던 정선이를 심하게 따돌리다가 도둑 누명까지 씌우려는 음모를 알고서는 분노한다. 정화는 정선이가 양파들의 따돌림을 견디다 못해 전학을 가게 되자 심한 갈등을 겪지만 속내를 드러내지 못한다.

그러다가 학교 대표로 글짓기 대회에 나가서 그 동안 마음 속에 품고 있던 생각을 모두 글로 토해 낸다. 따돌림당하는 친구를 바라보면서 모른 척했던 자신이 이제까지 미희의 꼭두각시였음을 반성하면서 다시는 그러지 않겠다고 다짐한다.

작가는 아이들이 스스로 문제 해결의 주체로 서도록 격려하는 한편 따돌림시키는 미희를 무조건 나쁘다고 하지 않는다. 외국에서 공부하는 엄마에 대한 미희의 그리움과 반감을 그려 보이면서 따돌리는 아이에 대한 이해를 구하고자 한다. 왕따를 시키는 아이에게도, 왕따를 당하는 아이에게도, 왕따를 당하는 것을 바라보면서도 용기가 없어서 주춤거리는 아이에게도 부당한 질서에 저항할 수 있는 용기를 북돋운다. 일본 아이들의 이지매를 다룬 『모르는 척』(길벗어린이)과 함께 읽으면 좋겠다.

# 『조커』

수지 모건스턴 글 / 미레유 달랑세 그림 / 김예령 옮김 /
문학과지성사

## 학교 가기 싫을 때 쓰는 카드

아이들은 학교가 지루하다거나 진부하다고 느끼는 경우가 많다. 그러나 이 책에 나오는 위베르 노엘 선생님은 젊은 선생님 못지않은 열정과 획기적인 아이디어로 학교를 더없이 재미있고 흥미로운 곳으로 바꾸어 놓는다.

아이들은 초등 학교 졸업반인 새 학기 첫날 새로운 선생님에 대한 기대를 가득 안고 학교에 온다. 하지만 아이들은 '망쳤다'고 생각한다. 사방으로 뻗친 머리에 안경을 코끝에 걸친 배불뚝이 할아버지가 선생님이었기 때문이다. 노엘 선생님은 이런 아이들에게 말한다.

"나는 선물 주기를 좋아한다. 이제부터 너희에게 매일매일 선물을 줄 작정이다. 학과 수업 선물, 책 선물, 기술 선물, 동사 변화법 선물, 수학 선물, 과학

선물. 인생이 내게 준 모든 것을 선물을 할 건데, 그 속에는 '천재지변'들도 포함되어 있다."

노엘 선생님은 이렇게 시작한 첫 수업에서 조커를 선물한다. 조커는 원래 궁지에 몰렸을 때 빠져 나갈 수 있는 카드인데 아이들이 받은 조커는 학교 가기 싫을 때, 벌을 받고 싶지 않을 때, 떠들고 싶을 때, 수업 내용을 듣고 싶지 않을 때, 옆 친구 것을 베끼고 싶을 때, 칠판 앞에 나가고 싶지 않을 때 등 아이들이 자기에게 주어진 기회들을 선택할 수 있는 카드이다.

처음에 아이들은 느닷없이 주어진 자유 앞에서 어리둥절해한다. 하지만 이내 자유를 남용하기 시작한다. 아무 생각 없이 조커를 쓰기도 하고 암거래를 하

기도 한다. 모두가 한꺼번에 학교 가고 싶지 않을 때 쓰는 조커를 사용하여 수업을 거부하기도 한다.

그러나 아이들은 조커를 사용하면서 당연하게 여기던 평범한 일상들이 갖는 특별한 의미를 이해하기 시작한다. 어떤 일도 자유롭게 선택할 수 있지만 자유에는 책임이 따른다는 사실, 어려운 일도 참고 견뎌야 하며 그런 가운데서 삶의 기쁨이 있다는 사실도 발견한다. 몸으로 직접 체험하는 '인생의 시련들'이라는 수업에서는 인생에는 참고 견뎌야 하는 시련들이 있다는 것을 경험하기도 한다.

노엘 선생님은 아이들에게 모두 다 이해하기를 요구하지 않는다. 무엇인가를 느낄 수 있기를 기대할 뿐이다. 그는 젊은 선생님 못지않은 열정과 신선한 아이디어에서 나온 독특한 수업방식으로 자신이 인생을 통해 배운 것을 아이들에게 가르치고자 한다. 결코 구호를 외치거나 지시하거나 명령하지 않으면서 아이들이 스스로 인생의 의미에 대해 탐구하게 한다. 태어날 때부터 각자 받은 조커의 의미를 생각하게 한다. 마음을 열고 세상을 바라보게 하며 자기 안에 있는 능력을 발견하게 한다.

노엘 선생님은 성적을 중시하는 교장 선생님과 학부모들에게 밀려 결국 학교를 떠난다. 하지만 아이들에게 진심어린 사랑을 선물로 받게 된 노엘 선생님의 삶의 철학이 값지게 다가온다.

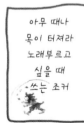

『파차마마』

전세계 어린이 글 / 햇살과나무꾼 옮김 / 바다어린이

# 지구를 구출해 주세요

'파차마마'는 '어머니 대지'라는 뜻을 가진 잉카어로 '인간과 자연이 조화된 삶'이라는 뜻을 담고 있다. 이 책은 '지구 구출 작전에 나선 어린이들'이라는 부제가 암시하듯이 대지와 인간을 하나로 보는 잉카인들의 마음을 전달한다. 땅에 대한 잉카인들의 믿음과 달리 지구는 하늘, 땅, 바다, 어느 곳 하나 안전한 곳이 없고, 그 때문에 인류의 생존 문제를 염려해야 할 만큼 오염되어 있다. 이대로 가다가는 머지않아 인류가 환경 문제 때문에 멸망할지도 모른다는 위기의식을 느끼지 않을 수 없다.

이런 환경 문제를 해결하기 위해 어린이들이 나섰다. '유엔 환경 계획'과 '국제 어린이 평화단'에서 전세계 어린이들이 오염된 지구를 구출하기 위한 생각을 글과 그림과 시로 표현한 것을 모아 책으로 엮은 것이다. '우리의 지구', '우리의 미래', '우리가 해야 할 일'이라는 세 묶음으로 된 내용에는 세계 각국의 어린이들이 자기가 보고 듣고 생각한 환경오염의 원인과 해결책의 구체적 사례가 제시되어 있다.

'내가 대통령이라면 기업이 환경법을 엄격히 지키도록 하겠다. 법을 어기면 무거운 처벌을 내리겠다.' -우크라이나, 보리스 매드베데프

'우리는 누구나 자동차를 좋아하고 갖고 싶어한다! 자동차 때문에 우리 모두 죽기 전에 자동차를 더 이상 사랑하지 않으려면 어떻게 해야 할까?' -시에라 리온, 알프레드 카마라

'지난 30년 사이에 흑해에서 잡히는

더 읽어 보세요

『어린이가 지구를 살리는 50가지 방법』 존 자브나 글, 노혜숙 옮김, 현암사
어린이들이 생활 속에서 지구와 환경을 살리기 위해 할 수 있는 50가지 방법을 소개한다.
『지렁이 카로』 이마이즈미 미네코 글, 최성현 옮김, 이후
독일 남부에 있는 메르딩겐 초등 학교의 교장인 쉐퍼 선생님과 어린이들이 지렁이 '카로'와 함께 쓰레기
없는 마을을 만들어 가는 이야기
『최 열 아저씨의 우리 환경 이야기 1-3』 최 열 글, 청년사
우리 나라뿐만 아니라 다른 나라의 환경 문제를 짚어 보면서 각자 환경을 살리기 위해서 어떤 노력을 해야
하는지 알려 준다.
『도도새와 카바리아나무와 스모호추장』 손춘익 글, 송수정 그림, 다림
인디오들이 문명사회의 폭력을 고발하며 자연의 소중함을 일깨우는 그림책

물고기 양이 20분의 1로 줄었습니다. 새우, 게 등 갑각류도 비슷하게 줄었고요. 해마다 400세제곱킬로미터의 생활 쓰레기와 산업 쓰레기가 흑해에 버려졌기 때문이죠.' -우크라이나, 스코리코바 즐라타

이렇게 아이들은 세계 곳곳에서 환경 오염의 실태를 고발한다. 그리고 제안한다.

'행복한 순간마다 나무를 심자, 글을 쓰고 싶을 때마다 종이를 재활용하자. 사랑하는 이들을 위해 멸종 위기에 있는 동물들을 보자.' -멕시코, 모니카 에드워드, 모니카 오르테가, 록산나 네보레즈

'쓰레기를 남기지 않는다. 그린피스 같은 환경 보호 활동을 지지한다, 학교에서 환경 회의를 연다, 지구의 날(4월 22일)과 세계 환경의 날(6월 5일)을 기념한다……'

아이들의 글과 그림과 시는 환경 문제가 개인이나 특정 집단의 문제만이 아니라 인류 모두가 절박한 마음으로 해결할 의지를 가져야 할 문제라는 사실을 설득력 있게 전한다.

## 『옷감짜기』

김경옥 글 / 김형준·정진희 그림 / 보림

# 우리 옷은 어떻게 만들까

도서출판 보림에서 만든 '전통과학 시리즈' 가운데 한 권인 이 책은 우리 조상들이 오랜 세월 이어 온 전통옷을 통해서 우리 겨레의 과학 정신과 만나게 한다. '우리 전통과학은 사람과 자연을 생각하며 생명을 살리는 살림의 과학' 이라는 설명글을 마음에 두고 책을 읽어 나가다 보면 새삼스럽게 우리 조상들이 자연과 더불어 살아간 지혜로운 민족임을 알게 된다.

이 책을 통해서 그것을 확인해 보자. 먼 옛날 우리 조상들은 몸을 가리기 위해 동물의 털이나 가죽, 또는 말린 풀을 엮어 옷으로 이용했다. 한 곳에 정착해 살면서는 식물의 줄기, 누에고치, 목화솜 등을 이용하여 삼베, 모시, 비단, 무명 같은 옷감을 짜서 옷을 만들었다.

농경 생활을 시작하면서 삼이나 모시 같은 식물의 껍질을 이용하고 목화송이나 누에고치에서 실을 뽑아 물레로 실을 자아 베틀에 얹어 옷감을 짰다. 거기에 식물의 열매나 뿌리를 이용하여 여러 가지 색깔로 물을 들였다. 쪽잎을 이용하여 푸른색을 물들이고, 잇꽃 잎으로는 붉은 색을 내고, 치자 열매로는 노란 색을 물들였다. 밤 껍질을 이용해서는 밤색 물을 들이고, 지치를 이용하여 보라색 물을 들였다.

그 다음에는 여러 가지 아름다운 무늬를 넣어 옷감을 아름답게 장식했다. 무늬는 장식적인 역할도 하지만 신분의 높고 낮음을 나타내거나 장수와 집안의 화목을 나타내기도 했다. 이렇게 만든 삼베와 모시, 무명, 비단 등의 옷감으로 여러 가지 옷을 만들고 이불이나 밧줄 등 생활 용품을 만드는 데 사용했다. 실의 재료에서부터 옷이 되어 우리 몸을 감싸기까지 수십 번의 정성스런 손길을 거쳐 만들어지는 우리 겨레의 옷과 그 변천사를 아름다운 일러스트레이션과 함께 볼 수 있다.

자연과 어우러져 자연의 일부가 되었던 우리 조상들의 삶과 문화와 과학정신을 새롭게 발견하는 기회가 될 것이다. 함께 나온 전통과학 시리즈 『집짓기』, 『고기잡이』, 『배무이』와 함께 읽어 보자.

우리 문화 이야기, 더 읽어 보세요
『우리가 정말 알아야 할 우리 짚풀 문화』
인병선 글·사진, 현암사
『한눈에 보는 우리 민속 오천 년』
김은하 글, 이원우 그림, 웅진닷컴
『밥 힘으로 살아온 우리 민족』
김아리 글, 정수영 그림, 아이세움

4학년

## 『로테와 루이제』

에리히 캐스트너 글 / 발터 트리어 그림 / 김서정 옮김 / 시공주니어

## 이혼한 부부의
## 쌍둥이 자매 이야기

에리히 캐스트너는 예측할 수 없는 상상력과 튼실한 문학적 완성도를 가진 작품으로 독일 아동문학의 전통을 세운 아동문학가이다. 그는 아이들의 마음을 꿰뚫고 있으면서 현실의 모순과 불합리를 풍자적으로 묘사하여 독일인은 물론 세계 어린이들에게 아동문학의 매력을 듬뿍 선사한다.

이 책에서 다루는 이혼이라는 제재는 아동문학에서 흔히 다루어지는 것은 아니다. 하지만 그것은 현실에서 빈번하게 일어나고 있으며, 어른들에게는 물론 아이들에게도 큰 심리적 고통을 준다. 그러나 그것을 극복하는 일에는 아이도 어른도 서툴기만 하다.

이 책의 두 주인공 로테와 루이제 자매는 캠프장에서 우연히 만나 자신들이

쌍둥이이며 어렸을 때 부모가 이혼했다는 사실을 알게 된다. 엄마는, 예술가랍시고 방해받지 않고 작품 활동을 하겠다는 이기적인 남편을 이해할 수 없다. 그래서 아이 하나를 데리고 나간 지 7년 동안이나 소식 하나 전하지 않고 살아 온 것이다. 로테와 루이제는 부모 때문에 자신들이 자매라는 사실도 모른 채 헤어져 살아 온 사실이 기가 막히다.

그래서 둘은 헤어진 부모를 다시 결합시키려고 특별한 계획을 세운다. 그것은 서로 집을 바꾸어 들어가 사는 것이다. 로테는 엄마와 살던 집을 떠나 루이제네 집으로 가고, 루이제는 아빠와 살던 집을 떠나 로테네 집으로 가서 산다. 고집 세고 멋대로인데다가 집안일에는 관심조차 없는 말괄량이 루이제와 차분

한 성격에 살림꾼인 로테는 갖가지 해프닝을 벌인다. 결국 어른들은 로테와 루이제가 벌인 작전으로 재결합하게 된다.

　발랄하고 경쾌한 성격의 아이들이 어른들의 이혼이라는 예상치 못한 문제에 적극적으로 맞서 해결해 가는 과정이 흥미 있게 다가온다. 로테와 루이제가 문제 해결을 위해 주체적이고 적극적으로 살아가는 모습이 삶을 긍정적으로 바라보게 한다. 등장하는 인물들은 모두 뚜렷한 성격을 가졌고 발랄하고 따뜻한 분위기를 유지하는 것도 큰 장점이다. 가정의 달 5월에 가족의 의미를 생각하면서 읽어 보자.

**에리히 캐스트너의 책, 더 읽어 보세요**
『에밀과 세 쌍둥이』 『에밀과 탐정들』
발터 트리어 그림, 장영은 옮김
『동물 회의』 『마법에 걸린 전화기』
발터 트리어 그림, 김서정 옮김
『하늘을 나는 교실』
발터 트리어 그림, 문성원 옮김
『엄지 소년』 『엄지 소년과 엄지 소녀』
호르스트 렘케 그림, 이희재 옮김
『에리히 캐스트너가 들려 주는 옛 이야기』
호르스트 렘케 그림, 문성원 옮김,
시공주니어 (이상 9권)

『그 어느 날, 한 마리 개는』

모니끄 마르땡 그림 / 홍성사

## 흑백의 선이 묘사하는 현대인의 비정함

우연히 만난 한 그림책에서 불안한 표정으로 뒤돌아보는 개와 눈이 마주쳤다. 그리고 무심코 책장을 넘기는 순간 가슴이 쿵! 내려앉았다. 작가는 물론 편집자도 어떤 사족도 허용하지 않았다. 모든 불필요한 선과 색도 배제했다. 글자 한 자 없이 연필로 쓱쓱 스케치한

그림뿐인 이 책은 그러나, 어떤 글로도 다 할 수 없는 풍부한 메시지를 전한다.

개 한 마리가 바캉스를 가던 차 안에서 도로에 팽개쳐 버려진다. 주인으로부터 허허벌판에 버림받은 개는 얼마나 막막했을까. 개는 주인의 차가 시야에서 사라질 때까지 전속력으로 달려 따라가

보지만 그뿐. 가슴 한쪽이 무너지는 듯
한 절망감을 안고 차가 사라진 쪽을 망
연자실 쳐다보다가 길을 건너려고 그랬
는지 도로에 뛰어든다. 그로 인해 갑작
스럽게 대형 교통사고가 일어난다. 사람
들의 아우성, 시커먼 연기, 달려오는 경
찰차…… 개는 두려움에 떨면서 그 광
경을 뒤로 한다. 그리고 여러 쪽에 걸쳐
서 아무도 없는 들판을 헤매며 누군가
를 애타게 기다리는 듯 사방을 응시하
는 개의 모습이 다가온다. 혼자됨이, 혼
자됨의 절망감이, 쓸쓸함이, 알 수 없는
불안함의 몸짓들이 절실하게 묘사된다.

　마침내 벌판에 해가 지고 홀로 도시
로 들어온 개는 비슷한 여정을 거쳤을
것으로 짐작되는 한 아이와 만난다. 개
는 멀리서 다가오는 소년을 향해 시선
을 고정시키고 바라본다. 소년은 천천히
다가와 개와 마주선다. 외로움과 쓸쓸함
과 절망스러움에 몸을 떨던 개와 소년
이 만나는 대목에서 알 수 없는 서러움
이 밀려온다. 이제까지의 절망은 이제부
터의 사랑을 위해 거쳐야 할 과정이었
나 보다. 개가 아이에게 다가가 응석을
부리고 아이는 기꺼이 개를 맞이하면서
이야기는 끝난다.

　버려진 개의 상황과 심리를 뛰어나게
묘사한 이 책은 현대인의 비정함을 어
떤 말보다도 강렬하게 비판한다. 철저하
게 독자의 몫으로 남겨 둔 여백과 튼실
한 구성도 빛이 난다. 작가는 벨기에 출
신의 데생 화가라고 한다.

4학년

# 독후감 쓰기, 이렇게 해 보세요

아이들은 보통 책을 읽으면 독후감을 써야 한다는 심리적 부담에 시달립니다. 그러다 보니 책을 멀리하게 되고 책을 읽어도 온전히 즐길 수가 없습니다. 아이들이 책을 읽는 것은 조마조마하고 짜릿한 느낌, 새로운 사실을 알게 되는 즐거움, 매력적인 주인공을 만나는 즐거움 때문입니다. 그것은 아이들을 즐겁고 기쁘고 통쾌하게 할 것입니다. 옳고 그름을 판단하는 잣대를 세우게도 할 것입니다. 책을 읽으면서 머릿속을 오가는 숱한 의식의 흐름은 아이를 정신적으로 성장시키는 거름이 되겠지요.

그런데 책을 읽고서 무엇을 얼마나 알게 되었는지 확인하려고 묻고 따지는 어른들 때문에 아이들은 책으로부터 도망가고 싶어집니다. 아이들이 온전히 책을 즐기려면 자기 감정을 공유할 대상이 필요합니다. 그게 왜 그럴까, 말도 안 돼, 기가 막힌다, 나도 그처럼 되고 싶다 등의 이야기를 하다 보면 막연하게 생각하던 것이 구체화되고 자기만의 논리를 갖게 됩니다. 무의식적인 억압이 해소되기도 합니다.

그러니 아이가 책을 읽고 나면 얼마나 이해했는지 확인하기에 앞서 편안한 분위기를 만들어 주고 귀를 열고 기다리세요. 바쁘다고 핑계 대지 말고, 말도 안 되는 소리라고 무시하지 말고, 열심히 들어 주고 반응해 주세요. 의무감을 부여하지 말고 자유롭고 편안하게 이야기하게 하세요. 아이의 감정을 소중하게 여겨 주세요. 설령 어른들이 보기에는 유치하고 별 볼일 없는 것이라 하더라도 말이지요.

아이들은 어른들이 이해할 수 없을 만큼 아주 사소한 부분에서 재미를 느낄 수 있습니다. 그 순간의 느낌을 있는 그대로 말할 때 즐겁게 들어 주세요. '훌륭한 사람이 되겠습니다', '동생과 절대 싸우지 않겠습니다'처럼 평소에 어른들이 기대하는 모범답안을 요구하는 것은 아이의 창의성이나 상상력을 제한하는 지름길입니다. 아이만의 느낌을 아이만의 표현으로 말하거나 쓰는 것을 격려해 주세요. 단 한 마디라도 좋으니 아이만의 언어로 표현하게 하세요. 대부분의 아이들은 이야깃거리가 많아지면 쓰는 것을 두려워하지 않습니다.

글을 쓸 때는 자유롭게 하고 싶은 이야기를 순서를 정해서 쓰도록 합니다. 재미있는 장면, 웃기는 장면, 슬픈 대목, 나하고 생각이 다른 장면 등을 생각하면서 자세하게 쓰도록 하세요. 한 인물에 대해서만 자세히 쓰게 할 수도 있습니다. 등장인물이 겪었던 일이나 처한 상황에 공감이 간다면 자신의 경험과 견주어 가면서 쓰도록 합니다. 그림에 대해서도 쓰게 해 보세요. 책 모양이나 표지의 글씨체, 전체의 느낌에 대해서도 쓸 수 있겠지요. 처음에는 한 가지만 주목해서 쓰다가 조금 힘이 생기면 몇 가지를 순서대로 쓰게 해 보세요.

글을 쓰는 데도 구성이 필요하지만 처음부터 구성에 얽매이면 자기 표현을 다 하기 어렵습니다. 처음엔 생각나는 대로 써 놓고 보게 합니다. 말의 앞뒤가 맞는지, 불필요한 말은 없는지, 더 들어가야 하는데 빠진 말은 없는지 따위를 살펴서 빼고 보태고 고치게 하세요. 독후감이라는 형식에 얽매이면 상투적인 글을 쓰게 됩니다. 시간을 두고 생각하게 하고, 시간을 두고 쓰게 하세요. 처음부터 분량을 정해 주고 거기에 맞추어 써야 한다는 부담을 주지는 마세요. 독후감이 책을 읽는 첫 번째 목적은 아니지만 사람은 말과 글로 의사소통을 해야 할 때가 많기 때문에 논리적으로 말하고 쓰는 힘은 대학입시를 위해서가 아니라도 반드시 필요한 것입니다.

이처럼 아이들이 자연스럽게 책을 즐기고, 자연스럽게 말하고 쓰게 하기 위해서는 먼저 책의 문화를 풍부하게 즐길 수 있는 환경이 마련되어야 합니다. 인터넷과 비디오와 게임에 파묻혀 있는 우리 아이들을 생각할 때, 수년 전 다녀온 영국의 헌책 마을 '헤이온와이'는 참 인상적이었습니다. 한 집 건너 책방이 있는 마을도 그랬지만 집 안에는 눈길이 닿는 곳마다 책이 놓여 있었습니다. 창가, 욕실, 거실 한쪽 구석에 놓인 작은 책꽂이, 식당, 침대 머리맡 등 곳곳에 놓인 책들을 보며 척박한 우리 아이들의 책 문화를 다시금 돌아보게 되었습니다. 텔레비전보다 가까이 책을 즐길 수 있는 환경이 된다면 지금처럼 조바심 내며 책읽기 교육에 매달리지 않아도 될 것입니다.

# 『사과나무밭 달님』

권정생 글 / 김영진 그림 / 창작과비평사

## 전쟁이 빼앗아 간 것은?

달빛이 은은하게 비치는 사과나무밭이 있는 마을에는 순박하기 이를 데 없는 이 땅의 사람들이 살아간다. 그들은 자신을 가장 낮은 곳에 두고 아무런 욕심 없이 살아간다. 하지만 그들이 겪은 시리고 혹독한 아픔을 생각하면 그들은 결코 '아름다운' 동화의 주인공이 아니다.

「보리이삭 팰 때」에 나오는 탑이 아주머니는 이름 모를 열병을 앓고 앉은뱅이가 된 채 스무 해가 넘도록 혼자서 무릎걸음으로 이 집 저 집 다니면서 밥을 얻어먹고 살다가 보리밥이라도 실컷 먹어 보고 싶다는 소원을 이루지도 못한 채 혼자 죽어간다. 「사과나무밭 달님」에 나오는 안강댁은 남편을 일제에 빼앗기고 정신 이상이 된다. 필준이는 장가도 가지 않은 채 그런 어머니를 아기처럼 알뜰살뜰 보살핀다. 「해룡이」에 나오는 해룡이는 전염병으로 부모를 잃고 일곱 살 때부터 남의 집 꼴머슴으로 일하다가 문둥병이 들어 가족 곁을 떠나 홀로 떠돈다. 「들국화 고갯길」에 나오는 소는 구정물 찌꺼기를 먹고 고단한 삶을 살지만 하늘에 눈을 두고 어질게 살아간다. 「별똥별」에 나오는 갑순이와 돌쇠의 애틋한 사랑은 전쟁으로 산산조각이 난다.

권정생은 그들이 그처럼 고통 속에 살아가야 하는 까닭을 전쟁에서 찾는다. 전쟁이 동족끼리 공산당이니 인민군이니 하면서 서로 싸우고 등을 돌리게 하고, 그래서 외롭고 무서운 세상이 되게 하였음을 인식하게 한다. 그리고 그들의 상처가 아물고 평화로운 세상이 되려면 어떤 경우에도 따뜻한 마음을 잃지 말고 살아가라 한다. 가장 낮은 곳에 자신을 두고 인간에게 어떤 폭력도 행사하지 말고 착하게 살라고 한다. 수없이 짓밟히면서도 질기게 목숨을 이어가는 민들레처럼 꺾이지 말고 이 땅을 지키는 주인이 되라 한다.

이 책은 민족을 지켜 온 힘이 어디로부터 시작되는지를 알려 주는 우리 아동문학의 고전이다. 한국전쟁은 이야기의 주인공들이 겪은 것보다 몇 십, 몇 백 배나 더 큰 고통을 겪게 했다. 그 고통을 상기하면서 이 작품을 우리 아이들에게 읽히면 좋겠다.

---

**출간된 지 10년 이상 된 '우리 아동문학의 고전 10권'**

날이면 날마다 새로운 책들이 산더미처럼 쏟아져 나옵니다. 그 많은 책들은 우리 아이들이 어른이 되도록 읽어도 다 읽을 수 없습니다. 어차피 좋은 책을 고르고 골라서 읽어야 하겠지요. 많이 읽기보다는 앞서 책을 읽은 사람들을 통해서 좋은 책으로 인정된 고전을 되풀이해서 읽는 것을 성공적인 독서의 지름길로 꼽고 싶습니다. 여기에 우리 아동문학의 고전을 골라 소개합니다. 되풀이해서 천천히 읽다 보면 우리 동화의 깊은 맛을 느낄 수 있을 것입니다.

『똘배가 보고 온 달나라』 권정생 외 글, 강요배 그림, 창작과비평사, 1977

『사슴과 사냥개』 마해송 글, 박불똥 그림, 창작과비평사, 1977

『해와 같이 달과 같이』 이원수 글, 김환영 그림, 창작과비평사, 1979

『아름다운 고향』 이주홍 글, 손장섭 그림, 창작과비평사, 1981

『고향을 지키는 아이들』 박상규 글, 안문선 그림, 창작과비평사, 1981

『날개 달린 아저씨』 이현주 글, 이철수 그림, 창작과비평사, 1983

『몽실 언니』 권정생 글, 이철수 그림, 창작과비평사, 1984

『초가집이 있던 마을』 권정생 글, 홍성담 그림, 분도출판사, 1985

『점득이네』 권정생 글, 이철수 그림, 창작과비평사, 1990

『서울로 간 허수아비』 윤기현 글, 박소래 그림, 산하, 1990

## 『밥데기 죽데기』

권정생 글 / 권문희 그림 / 바오로딸

# 익살스런 통일 이야기

솔뫼골 늑대 할머니는 자존심이 세고 성질이 괴팍하고 심술궂기까지 하다. 전쟁이 할머니를 그렇게 만들었다. 본래 늑대였던 할머니는 50년 전인 한국전쟁 때 영감과 자식들을 잃어버렸다. 그 뒤 혼자 살아 오다가 백일기도를 해서 사람으로 둔갑하고 산골짝에서 산다.

할머니는 원수를 갚고 싶었다. 그래서 시장에서 사 온 달걀에 쑥과 마늘을 넣어 삶고, 뒷간 똥통에 담그고, 흐르는 물에 씻고 어쩌고 하여 밥데기와 죽데기를 만들어 냈다. 밥데기는 얼굴이 동글동글하고 키가 좀 작은 사내아이이고 죽데기는 얼굴이 길쭉하고 키가 좀 큰 사내아이이다. 늑대 할머니는 밥데기와 죽데기, 그리고 할머니 비밀을 죄다 알고 있는 떠돌이 황새 아저씨를 아들로

삼고 원수를 찾아 서울로 온다.

그러나 할머니의 원수는 전쟁 때 아내와 자식을 모두 잃고 한쪽 다리마저 잃어 병원에 누워 있는 늙은 할아버지로 변해 있었다. 할아버지를 돌보는 할머니는 열여섯에 정신대에 끌려갔다가 돌아와 혼자 산다. 할머니 딸 인숙이는 원자폭탄을 맞은 지 50년이 지났는데도 다섯 살 나이만큼밖에 자라지 않은 채 다락에 숨어 산다. 50년 전에 보았던 무서운 원자폭탄의 불빛이 무서워 밖에 나오지 못하기 때문이다.

늑대 할머니는 우여곡절 끝에 원수인 사마귀 할아버지를 용서한 다음 혼신의 힘을 기울여 향기로운 똥가루를 만들어 하늘에서 땅으로 뿌린다. 휴전선 철조망을 비롯한 모든 전쟁 무기는 똥가루를

맞아 철철 녹아 내리고 남북으로 흩어졌던 가족들이 달려와 얼싸안으면서 한반도엔 평화의 물결이 출렁인다.

착한 늑대 할머니, 사마귀 할아버지, 인숙이로 대변되는 우리 겨레가 짐처럼 안고 있는 고통 뒤에는 전쟁이 있고, 그 뒤에는 강대국의 욕심이 도사리고 있음을 인식하게 한다. 작가는 그들의 아픔을 생각하면서 아무 잘못 없는 짐승들을 잡아 죽이고, 강을 죽이고 산을 죽이는 사람들을 향하여 들꽃처럼 욕심 부리지 말고 착하게 살자고 한다. 똥가루를 만들어 휴전선을 녹이고 세상의 온갖 무기를 녹이고 세상을 떠나는 늑대 할머니는 작가의 분신인 듯 전쟁의 폭력성과 어리석음을 고발한다.

무거운 주제를 익살스럽게 풀어 내는 매력적인 문체 때문에 무거운 이야기이면서도 재미있게 읽힌다. 늑대 할머니 비중이의 큰 만큼 밥데기 죽데기의 역할이 축소된 점이 다소 아쉬움으로 남는다. 6월은 한국전쟁이 일어난 때이니 아이들과 함께 전쟁의 참상에 대해서 생각하며 읽으면 좋겠다.

**한국전쟁을 소재로 한 동화, 더 읽어 보세요**
『점득이네』권정생 글, 이철수 그림, 창작과비평사
『하느님이 우리 옆집에 살고 있네요』권정생 글, 신혜원 그림, 산하
『도토리 예배당 종지기 아저씨』권정생 글, 이철수 그림, 분도출판사
『남북 어린이가 함께 보는 창작동화 1-5』이오덕 외 엮음, 사계절
『초가집이 있던 마을』권정생 글, 홍성담 그림, 분도출판사
『피리 부는 소년』이주홍 글, 서은영 그림, 산하

# 『서울로 간 허수아비』

윤기현 글 / 박소래 그림 / 산하

## 농민 이야기
## 농촌 이야기

　윤기현은 전남 해남에서 농사꾼의 아들로 태어나 초등 학교를 졸업한 뒤 36년 간 한 곳에서 농사를 지으며 살아온 전형적인 이 땅의 농민이다. 그는 아동문학이 무엇인지도 모르고 자신이 쓰는 글이 문학이라는 생각을 하지도 않은 채 아동문학에 발을 들여 놓는다.

　그는 농촌 문화에 대해 문제의식을 갖게 된 두 가지 사건을 겪었다. 첫째는 그가 고향 해남에서 주일 학교 교사를 할 때 동료 교사 가운데 초등 학교만 나온 여교사가 있었는데, 중등부 학생들이 그의 학력이 자기들보다 낮다고 수업을 거부했던 것이다. 둘째는 마을에서 고생고생하며 혼자 4남매를 키운 아주머니가 있었는데, 하루는 서럽게 울면서 이런 이야기를 했다. 아주머니가 텃밭에

서 가꾼 채소를 12킬로미터나 떨어진 해남읍에 나가 팔아서 딸이 다니는 학교를 찾아갔다. 그런데 딸은 부끄럽다며 화장실에 숨어 버렸단다. 엄마를 창피하게 여기면서 왜 찾아왔냐며 울더라는 것이다.

　여교사와 아주머니는 마을에서 착하기로 소문난 사람들이었다. 윤기현은 이런 사람들이 인격적으로 대우받지 못하고 학벌이나 직업으로 평가받는 것은 잘못된 일이라고 생각하게 되었다. 그는 아이들이 왜 이런 생각을 하게 되었는지 궁금해서 주일 학교 교사들을 모아 중·고등 학생들이 읽고 있는 책을 조사해 보았더니, 주인공들은 거의 왕자나 공주 같은 사람들이고 힘들게 일하는 사람들은 모두 하인 취급을 받는 내용

이었다고 한다.

여기서 그는 하느님은 성서를 통해서 부지런히 일하면 잘산다고 했는데 성실하고 부지런한 사람들이 왜 죽도록 일해도 가난한가 의문을 품게 되었다. 이 의문을 풀기 위해서 당시 함께 활동하던 4H 회원들과 의논하여 마을에서 가난한 사람 10명과 부자 10명을 대상으로 조사를 했다. 결과를 보니 부자는 일하지 않고 물려받은 땅을 관리만 하는 사람들이었다. 가난한 사람들은 부자들에게 노임을 받고 일하는데 그것이 너무 적었다. 그렇다면 노임을 올려야 한다고 생각하여 마을 사람들과 임금 올리기 운동을 했더니 당장 경찰에서 나와 막았다. 그 일로 윤기현은 농촌의 구조적인 문제에 눈을 뜨게 되었다.

윤기현은 아이들의 가치관을 바꿔야 한다고 생각했다. 그래서 농촌에서 열심히 일하면서 남을 속이지 않고 소박하게 살아가는 이웃 사람들의 이야기를 글로 써서 아이들에게 들려 주니 좋아했다. 그 가운데 하나인 「사랑의 빛」을 1976년에 '기독교교육' 에서 동화를 모집한다기에 대학노트에 써서 보내었더니 당선이 되었다.

작가란 사회와 역사를 통찰할 수 있는 관찰력이 있어야 한다고 역설하는 그는 옳다고 믿는 일에 몸을 던져 실천해야 하고, 그래야만 할 말이 쌓인다고 한다. 그렇게 가슴에 쌓인 말을 글로 쓴 것이 동화가 된다는 것이다.

그는 온몸으로 농사를 지으며 살아온 농사꾼이다. 그래서 그의 동화에는 농민들이 겪는 농촌 현실이 생생하게 투영되어 있다. 윤기현은 우리 나라 문화와 도덕의 모체가 바로 농촌이라고 본다. 농촌을 살리느냐 죽이느냐에 따라서 우리 민족이 죽느냐 사느냐가 판가름 난다고 본다. 그런데도 많은 농민들이 도시의 화려한 불빛을 좇아 농촌을 떠나 농촌이 해체되고 있다. 사람 사는 세상 어디나 사람이 중심이 되어야 한다. 그렇지 못할 때 그 원인이 무엇인가를 밝혀 내어 싸우는 것은 모두가 평등하게 잘살기 위해서다. 그는 그런 세상을 만들기 위해서 동화를 쓴다.

모두가 잘사는 세상, 그 중에서도 열심히 일하는 사람들이 주인이 되는 세상을 이루어야 한다는 절박감이 윤기현으로 하여금 동화를 쓰지 않고는 견디지 못하게 한 것이다.

동화집 『서울로 간 허수아비』에는 이런 윤기현의 정신이 가장 생생하게 살아 있다. 그 밖에도 『해가 뜨지 않는 마을』(산하), 『회초리와 훈장』(산하), 『보리 타작 하는 날』(사계절) 등에서 윤기현의 농촌 이야기를 더 읽을 수 있다.

# 『숲 속 나라』

이원수 글 / 한병호 그림 / 웅진닷컴

## 자유와 평화를 꿈꾸는 세상 이야기

사람마다 혹은 한 사회, 한 나라가 꿈꾸는 공통의 유토피아가 있다면 그건 힘의 논리가 지배하는 나라가 아니라 오직 이해와 사랑이 지배하는 나라일 것이다. 저마다의 뜻을 펼치고 꿈을 가꾸면서 사는 평화로운 나라 말이다. 이원수 선생님은 1949년에 발표한 『숲 속 나라』에서 이런 우리 겨레의 이상향을 그려 보인다. 우리 나라가 오랜 식민지에서 벗어났지만 다시 자주성을 잃어버린 때를 배경으로 하면서 자주독립의 꿈을 그려 보이는 것이다.

주인공 노마는 집 나간 아버지를 찾아 숲 속 나라에 가는데 거기서 만난 파란 모자 아이는 다음과 같이 숲 속 나라를 설명한다.

'숲 속 나라는 어린이 나라. 아이들이 재미있게 지낼 수 있는 나라란다. 서로 돕고 사랑하기 때문에 슬픈 아이는 없다. 거지 아이도 없다. 그리고 어른도 이 나라에 오면 어린이처럼 돼 버린단다. 저기 저 어린이는 머리가 허옇지 않니? 저이는 나이 예순도 넘었다. 조기 그네를 뛰는 여자 아이도 마흔 살 넘은 아주머니지만 모두 어린이같이 되어 있는 거야.'

숲 속 나라 아이들은 누구나 친절하고 정답다. 숲 속 나라는 남의 나라 사치품을 안 사들이려고 과자, 학용품, 옷감 같은 것을 스스로 만들어 내려 애쓴다. 기름을 안 쓰려고 전기까지 스스로 발전시킬 방법을 찾는다. 그런데 장사꾼들과 모리배들이 숲 속 나라 아이들에게 화려한 사치품을 거저 나누어 주려

고 한다. 숲 속 나라 아이들을 화려한 사치품에 길들여서 나중에는 그런 것이 없으면 못 견디게 만든 다음 물건을 팔아 먹기 위해서이다.

숲 속 나라에는 사치스런 옷을 입거나 비싼 과자만 먹는 아이들이 없다. 그런 아이들이 있으면 굶주리는 아이들이 생기기 때문이다. 숲 속 나라는 서로 아끼고 사랑하는 나라, 남의 목숨을 귀하게 여기는 나라, 남의 것을 소중하게 여기는 나라이다. 자신의 행복을 위해 남의 것을 함부로 빼앗지 않는 나라이다. 이렇게 서로서로 나라를 아끼고 사랑하니까 누구도 숲 속 나라를 넘보지 못한다.

해방 직후 우리 나라는 정치, 경제, 문화, 교육 어느 방면에서도 강대국의 그늘에서 자유롭지 못했다. 그런 혼란한 정세 속에서 강대국들의 경제적 침략을 경계하면서 우리 겨레의 자주정신을 강조하는 의미를 담은 동화이다.

**이원수 작품, 더 읽어 보세요**
「꼬마 옥이」 이만익 그림
「너를 부른다」 이만익 그림
「메아리 소년」 이정규 그림
「5월의 노래」 김용덕 그림
「해와 같이 달과 같이」 김환영 그림
창작과비평사 (이상 5권)
「잔디숲 속의 이쁜이」 이상권 그림
「밤안개」 권사우 외 그림
「나무야 나무야 겨울 나무야」 이수지 외 그림
웅진닷컴 (이상 3권)
「민들레의 노래」 양상용 그림, 사계절
「골목대장」 원혜영 그림, 한겨레아이들
「지혜의 언덕」 분도출판사

# 『독도를 지키는 사람들』

김병렬 글 / 신혜원 그림 / 사계절

# 독도는 우리 땅

1980년대에 가수 정광태는 '울릉도 동남쪽 뱃길 따라 이백 리 외로운 섬 하나 새들의 고향'으로 시작되는 〈독도는 우리 땅〉이라는 노래로 독도 사랑을 노래한 적이 있다. 동해 바다 한가운데 있는 조그만 섬 독도는 전체가 바윗덩어리인데다 풍랑이 심해서 별로 쓸모없는 땅처럼 보인다. 그런데도 일본 사람들은 600여 년 전부터 지금까지 독도를 차지하기 위해 갖은 방법을 동원하고 있다. 그것은 독도를 기점으로 하여 남북한을 합친 것의 두 배나 되는 바다와 거기서 나오는 바다 자원을 차지할 수 있기 때문이다.

『독도를 지키는 사람들』은 우리 조상들이 섬과 바다를 소홀히 여겨 그 영유권을 제대로 지키지 못하자 독도를 빼앗기 위해 호시탐탐 기회를 노리는 일본 사람들과 끈질기게 싸우면서 독도를 지켜 낸 안용복과 홍순칠의 이야기를 담은 책이다.

부산 동래에서 고기를 잡는 평범한 어부였던 안용복이 울릉도를 빼앗으려는 일본 정부와 끈질긴 싸움을 벌이는데 세계 정세에 어두운 조정대신들은 일본과 분쟁을 일으킨다는 이유로 안용복을 죄인으로 몰고간다.

안용복에 이어 홍순칠 역시 독도를 빼앗으려는 일본 사람들과 치열한 싸움을 벌인다. 1951년 강화 조약이 체결되자 일본 사람들은 독도를 마음대로 드나들며 말뚝까지 박아 자기네 땅이라고 주장하기 시작한다. 홍순칠은 일본 사람들이 박아 놓은 말뚝을 뽑아 버리고 우

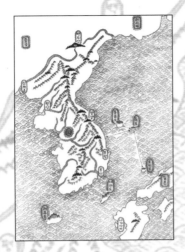

리 땅임을 표시하는 말뚝을 박아 놓는다. 이후에도 우리 나라와 일본의 말뚝 싸움은 계속되었는데 홍순칠은 이런 말뚝 싸움을 중단시킨 장본인이다. 울릉도 제일가는 부자였던 홍순칠이 개인 재산을 털어 가며 3년 8개월 동안 겪은 독도 수비 대장정의 기록이 감동적으로 펼쳐진다.

이 책은 『숙종실록』, 『춘관지』, 『승정원 일기』 같은 우리 나라 기록과 더불어 일본의 『어로일기』, 『죽도고』, 『인부연 표』, 『어재부일기』, 『본방조선왕복서』, 『조선통교대기』, 『통항일람』, 『죽도고증』 등 일본의 각종 자료를 동원하여 우리 영토인 독도 문제에 대한 구체적 인식을 돕는다. 보통 사람들인 안용복과 홍순칠이 우리 영토를 지키는 과정은, 나

라는 정치를 하는 몇몇 사람의 것이 아니며 우리 겨레 한 사람 한 사람이 모두 나라의 주인이라는 사실을 일깨운다. 어렵고 딱딱하게 느껴질 듯한 이야기지만 초등 학교 6학년인 나리와 할아버지가 묻고 답하는 형식으로 되어 있어 쉽게 이해할 수 있다.

> **더 읽어 보세요**
> **「독도야 간밤에 잘 잤느냐」**
> 한 산 글, 김수만 사진, 장백
> 초등 학교 4학년인 승진이가 독도를 직접 찾아가 독도의 구체적인 모습과 역사를 알아본다. 함께 실린 사진이 독도를 더욱 생생하고 친근하게 느끼도록 해 준다.

창비아동문고 **3**

# 『사슴과 사냥개』

마해송 동화집

## 사슴과 사냥개

마해송 자음/박불똥 그림

창작과비평사

마해송 글 / 박불똥 그림 / 창작과비평사

## 우리 나라 첫 번째 동화작가가 쓴 동화

마해송의 동화는 요즘에 나오는 감각적인 동화에 비하면 다소 재미가 떨어질지도 모른다. 등장인물이 요즘 아이들에 비해 어둡고 주제도 다소 무거운 느낌을 주기 때문이다. 그런데도 마해송

동화의 가치는 전혀 퇴색하지 않는다. 치열한 작가정신으로 한 시대가 요구하는 가치를 담아 내고 있으며 그것이 오늘날의 아이들에게도 여전히 유효하기 때문이다.

우리 겨레는 마해송이 작품 활동을 시작한 1920년대부터 세상을 떠난 1960년대까지 격동의 시대를 살아 왔다. 마해송은 그런 각 시대의 사회상과 어린이의 삶을 치열한 작가정신으로 그려 냈다.

우리 나라 최초의 창작동화인 「바위나리와 아기별」이나 「어머님의 선물」은 일제강점기에 나라를 빼앗긴 비참한 상태에 놓여 있는 아이들의 슬픔을 위로하면서 자주독립의 꿈을 심어 주고 있다.

「토끼와 원숭이」는 1931부터 1933년까지 잡지에 연재하다가 일제의 검열에 걸려 중단되고 해방 후에 비로소 완성한 동화로 일제의 한국 침략을 우화적으로 고발한다. 이 동화가 발표된 때는 일본이 우리 나라에 이어 중국과 미국까지 침략하여 전쟁을 확대하던 때이다. 일본이 한국에 창씨개명, 국어 말살 정책, 징병을 강요하는 모습을 뚱쇠와 센이리 같은 강대국들의 개입으로 토끼 나라가 둘로 나뉘는 모습, 어리석은 토끼들이 강대국에 빌붙어 주체성을 상실하는 모습으로 생생하게 묘사한다.

1948년에 발표한 「떡배 단배」는 일제의 패망으로 다시 미국, 소련 등 강대국들에 의해 분할 점령되는 역사적 사실을 소재로 하여 강대국이 약소국을 경제적으로 침략하는 과정을 그려 보인다. 외세가 던지는 떡배와 단배라는 미끼에 허겁지겁 달려들면서 결국 그들의 종이 되어 가는 사람들이나, 남이야 어찌 되든 눈앞의 이익에만 눈이 먼 갑동이처럼 살 것이 아니라 돌쇠처럼 스스로 경제적 기틀을 마련해야 한다는 메시지를 전한다.

1950년대에 발표한 「사슴과 사냥개」에서는 비인간적인 인간 군상들의 모습을 비판하면서 따스한 인간애를 북돋우고자 한다. 1960년대에는 「꽃씨와 눈사람」 등의 동화처럼 예리하고 날카로운 시선으로 부정과 부패로 얼룩진 부도덕한 사회를 비판하고 저항하면서 깨끗하고 줏대 있는 정신을 심어 주고자 한다.

마해송의 동화는 뚜렷한 주제의식이 돋보인다. 현실을 반영하는 데 주력하다 보니 문학적 형상화가 약하다는 한계가 드러나기도 하지만, 치열한 작가정신으로 각 시대 아이들의 삶과 민족의 현실을 힘있게 그려 낸다.

**마해송 동화, 더 읽어 보세요**
「모래알 고금」 김성민 그림, 우리교육
「바위나리와 아기별」 정유정 그림, 길벗어린이
「어머님의 선물」 계창훈 그림, 교학사
「성난 수염」 박병국 그림, 우리교육
「물고기 세상」 김종도 그림, 한마당

4학년

# 마해송 동화 읽기

　　마해송은 1905년 개성에서 태어나 1966년 세상을 떠났다. 마상규라는 본명이 있지만 15살부터 해송이란 아호로 더 많이 불려 왔다. 일제강점기하에서 18세의 나이로 우리 나라 첫 창작동화 「바위나리와 아기별」을 발표한 이후 마해송의 이름 앞에는 '우리 나라 최초의 동화작가'라는 꼬리표가 따라다닌다. 「바위나리와 아기별」의 탄생은 그 이전과 달리 어린이도 사회적 존재이고, 어린이를 인격적 존재로 인정해야 하며, 어린이를 미래 독립의 역군으로 키워야 한다는 의미를 담고 있다. 그러므로 마해송으로 인해 우리 아이들은 그들의 인격적 권리를 찾았다고 해도 과언이 아니다.

　마해송은 당시 어린이문화운동의 주역들인 방정환·한정동 등과 함께 어린이문화운동, 어린이문학운동, 어린이인권운동을 전개해 나가는 출발선에 서 있었다. 그런 의지를 가지고 출발한 우리 아동문학은 수난의 시대를 살아가는 아이들에게 현실을 박차고 일어설 용기를 주어야 했다. 힘의 논리가 지배하는 세상의 질서를 비판하고, 그에 분노하고 저항하면서 나라를 되찾아 민족의 자존심, 자긍심을 되찾는 일이 무엇보다도 시급한 과제였다.

　일제의 서슬 퍼런 총칼이 난무하던 1931년에 발표한 「토끼와 원숭이」는 일제의 한국 침략을 비판한다. 우리 나라를 침략한 일본을 원숭이로, 일제에 침략당한 우리 나라를 토끼로 비유하여 그 슬픔과 비애를 그려 보인다. 이처럼 마해송은 동화로서 당대의 현실을 빠르게 읽도록 했고, 그것은 해방 이후에도 계속되었다. 우리 겨레는 해방을 맞이했지만 미국과 소련이라는 두 강대국이 우리 나라를 전리품으로 차지하면서 자주권을 강탈당한다. 마해송은 「떡배 단배」(1948)로 해방 후 풍전등화 같은 우리 나라 현실을 사실적으로 그려 보인다. 「떡배 단배」는 약소국을 침략하는 강대국을 향해 비판을 하는 동시에, 떡배 단배에 빌붙어 부와 권력을 차지하려는 갑돌이, 떡배에도 단배에도 가지 않고 스스로 짚신을 삼고 농사를 지으며 자립경제의 힘을 길러가는 돌쇠 같은 인물을 배치하여 강대국이 힘의 논리에 의해 한 나라의 자주권을 빼앗는 경우 스스로 힘을 갖지 못한 약소국의 잘못도 있다는 뼈아픈 교훈을 인식하게 한다.

「사슴과 사냥개」, 「모래알 고금」(1956) 등은 해방과 분단, 한국전쟁으로 이어지는 수난의 역사 속에서 적당히 타협하면서 부와 권력을 좇는 부도덕하고 비인간적인 인간 군상들을 거침없이 비판하고 있다. 이와 함께 사람 사는 세상에서 가장 중요한 가치와 덕목을 잃어버린 사회, 권력에 눈먼 정치인들이 벌이는 썩은 정치 체제에 경종을 울리는 「꽃씨와 눈사람」(1963)은 세상의 질서는 힘의 논리가 아니라 자연의 순리로 존재한다는 의미를 전달한다.

그는 우리 겨레가 이 땅의 주인으로 서기를 소망했다. 정의가 옹호되는 세상을 소망했다. 인간성이 옹호되는 세상을 소망했다. 이러한 소망을 키우기 위해 「바위나리와 아기별」처럼 환상동화를 쓰기도 했고, 「토끼와 원숭이」처럼 우화적인 기법을 쓰기도 했다. 동물이나 식물을 의인화하기도 했으며, 「학자들이 지은 집」처럼 풍자적으로도 썼다. 마해송 동화는 사회와 인간의 삶을 이해하는 데 적절하지만 때로는 주제를 전달하기에 바빠서 문학적 형상화라는 측면에서 아쉬움이 남기도 한다.

그러나 그의 작품 곳곳에서 어린이에 대한 두터운 사랑을 확인할 수 있고, 그가 아동문학을 민족의 문학으로 끌어올리는 데 중추적 역할을 했음은 부인할 수 없다. 그는 이원수·강소천 등과 함께 '한국아동문학회'를 창립하였고, 1957년 '대한민국 어린이 헌장'을 기초하여 어린이에 대한 끝없는 사랑을 나타낸다. 그는 동화뿐만 아니라 수필가로도 이름을 날렸다. 소설과 동요도 썼으며 이름난 잡지인이기도 했다. 치열한 작가정신으로 한 시대의 아이들을 위로하고 용기를 주면서 민족의 아이들로 키우고자 했던 그의 노력은 동화작가로서의 위상을 빛나게 한다.

# 『생명이 들려 준 이야기』

위기철 글 / 이희재 그림 / 사계절

## 생명의 소중함을 이야기한 책

가끔 어린이들이 부모에게 꾸중을 듣거나 동무에게 따돌림을 받거나 외모에 대한 불만 때문에 제 목숨을 끊어 사람들을 놀라게 한다. 인터넷에는 자살 사이트까지 등장하여 청소년들이 동반자살을 하기도 한다.

이런 끔찍한 일이 일어나는 것은 아이들이 만화나 영화, 게임 등을 통해 폭력을 근사하게 느끼고 생명을 가볍게 여기는 현상에 동화된 탓이다. 하늘, 땅 위, 땅속, 바다 등에 쓰레기가 쌓이고 폐수로 오염되는 등 생명을 함부로 여기는 환경 때문이기도 하다. 『생명이 들려 준 이야기』는 여섯 편의 연작으로 이루어진 이야기로 생명의 소중함을 생각하게 한다. 이야기마다 의인화된 생명과 죽음이 등장하여 이야기를 나눈다. 초등

학교 4학년인 토담이가 자신에게 소홀한 어머니에게 고통을 주기 위해서 자살을 생각하다가 생명이 들려 준 이야기에 감동하여 마음을 바꾸는 이야기, 남의 생명으로 자신의 생명을 연장하려던 어리석은 부자 영감 이야기, 생명을 헌신짝처럼 여기던 흉악한 죄수가 감옥에서 조그만 참새 한 마리를 살려 주고 생명의 소중함을 인식하는 이야기, 성실하게 일하면서 땀의 의미를 알아 가는 이야기 등이 실려 있다.

작가는 직접적으로 생명이 소중하다고 말하지 않는다. 각자의 마음 속에 있는 편견과 욕심과 냉담함이 생명을 해치는 요소라는 것을 논리적이면서 유머러스하게 풀어 재미있게 읽다 보면 어느새 생명의 소중함을 깨닫게 한다.

# 『나무를 심은 사람』

장 지오노 글 / 이정혜 그림 / 채혜원 옮김 / 새터

## 잊을 수 없는 인격과의 만남

한 여행자의 눈에 뜨인 사람은 살 날이 그리 오래 남지 않은 노인이었다. 마을은 메마르고 나무 한 그루, 물 한 모금 얻기 어려울 만큼 황폐했다. 마을 사람들은 가난하고 거칠었다. 걸핏하면 싸움을 하면서 기회만 있으면 마을을 떠나고 있었다. 노인은 그 곳에서 홀로 도토리 알을 심기 시작했다. 도토리 100알을 심으면 거의 다 죽고 몇 그루밖에 살아남지 못했다. 그러면 노인은 죽은 만큼 나무 심기를 되풀이한다.

어리석기 짝이 없어 보이는 이런 행동은 놀라운 결과를 가져온다. 노인이 혼자 나무를 심기 시작한 지 30년이 지나자 거친 모래 바람만 불던 메마른 땅은 시원한 물이 흐르고 숲이 우거지고 온갖 동물과 새들이 찾아오는 낙원으로 바뀐 것이다. 노인은 어떤 대가도 바라지 않고 그저 묵묵히 나무를 심었을 뿐이다. 자연은 노인이 애쓴 것보다 몇 십 몇 백 배의 대가를 되돌려 준 것이다.

우리는 나무를 심은 노인에게서 인류의 미래에 대한 희망의 메시지를 읽게 된다. 아울러 삶의 가치는 크고 화려한 것에 있는 것이 아님을, 이기심과 욕심에서 벗어날 때 바로 거기에 낙원이 있음을 깨달을 수 있다.

이 책은 물질문명에 매몰되어 늘 쫓기며 사는 모든 현대인들이 작고 소박한 일에 마음을 둘 때 거기에 인류의 진정한 희망이 있음을 일깨운다. 인류의 생존과 직결된 환경문제에도 희망의 메시지를 전하며, 동시에 잊을 수 없는 한 인격과 마주하는 기쁨을 준다.

# 『아주 작은 개 치키티토』

필리퍼 피어스 글 / 엔터니 메이틀런드 그림 /
햇살과나무꾼 옮김 / 시공주니어

## 상상 속의 개와 나눈 사랑 이야기

무언가를 간절하게 바라면 꿈을 꾸거나 환상을 보게 된다. 이 책의 주인공 벤은 그런 경험을 한다. 개를 갖고 싶다는 생각을 간절히 하다 보니 환상 속에 개가 나타난 것이다. 그 개와 함께 할 때 더없이 기쁘지만 현실에는 개가 없다. 어떻게 할까? 이 책 주인공 벤을 따라가 보면 그 답을 얻을 수 있다.

벤은 개를 갖고 싶은 마음이 가득하지만 대도시인 런던에서는 개를 키울 수가 없다. 하지만 벤은 개에 대한 생각을 결코 떨쳐 내지 못한다. 개에 대한 생각은 간절한 염원이 된다. 벤이 무의식의 세계로 들어가 주체할 수 없는 열망과 싸우는 동안 시간은 벤에게 '세상에서 자기가 원하는 것이라고 해서 모두 손에 넣는 것은 아니라'는 비밀을 살짝 알려 준다.

하지만 이런 사실을 인식하기엔 벤의 마음에 자리 잡은 개에 대한 열망이 너무 크다. 그 때 시골에 사는 할아버지가 생일선물로 개를 보내 주겠다는 편지를 보내 온다. 벤은 뛸 듯이 기뻐하고 도서관에서 개에 대한 책을 찾아보면서 자기가 키우게 될 개의 여러 가지 모습을 상상한다. 그런데 막상 생일날 도착한 개는 친구처럼 마음을 나눌 수 있는 진짜 개가 아니라 털실로 수를 놓은 액자 속의 개였다. 액자 뒤에는 아주아주 작은 개라는 뜻을 가진 '치키티토'라는 이름이 적혀 있다.

벤은 낙담하면서도 개를 갖고 싶은 마음을 포기하지 못하고 액자에 그려진 개를 들여다본다. 그 순간 그토록 갖고

싶던 개가 나타난다. 쫑긋한 두 귀, 튀어나온 두 눈, 분홍빛이 감도는 갈색 털을 가진 치키티토가 나타난 것이다. 치키티토는 영리하고 용감하며 주인의 마음을 빠르게 알아보는 아주 특별한 개였다. 치키티토는 현실에서는 보이지 않지만 눈만 감으면 어김없이 나타났다.

벤은 틈만 나면 눈을 감고 치키티토를 만난다. 눈을 떠도 그가 옆에 있는 것을 느낄 수 있었다. 벤은 치키티토를 만나기 위해 자주 눈을 감는다. 그러다 번잡한 런던 시내에서 교통사고를 당한 다음 현실로 돌아온다. 그리고 공상 속의 개 치키티토는 현실에 존재하지 않는다는 사실을 그제서야 받아들인다.

하지만 개를 갖고 싶은 마음을 완전히 떨쳐 내지 못하고 할아버지 댁의 개

틸리가 낳은 강아지 중의 하나인 브라운을 치키티토 대신 키워 보려 한다. 그러나 벤은 브라운이 치키티토를 대신할 수 없음을 알고는 버리려고 마음 먹는다. 주인에게 버림받은 개가 거의 사라지려는 순간 벤은 '아무리 간절하게 소망해도 가질 수 없는 것은 가질 수 없다'는 삶의 중요한 비밀 하나를 터득한다. 그와 동시에 브라운만이 가진 개의 본래 모습을 발견하고 치키티토에게서 벗어난다.

풍부한 언어를 세련되게 구사하는 이 동화는 판타지 문학의 교과서라 할 만하다. 처음부터 끝까지 궁금증을 가지고 즐겁게 책을 읽게 하는 힘이 있는 작품이다.

# 『왕도둑 호첸플로츠』

오트프리트 프로이슬러 글 / 요제프 트립 그림 / 김경연 옮김 / 비룡소

## 도둑잡기 게임 같은 유쾌한 이야기

제목이 심상치 않다. 그냥 도둑도 아니고 '왕도둑'이다. 폭이 넓은 가죽 허리띠에 단도를 일곱 자루나 차고 있는 무시무시한 도둑이다. 그런데 책을 펼치는 순간 왕도둑 호첸플로츠와의 유쾌한 만남이 시작된다.

호첸플로츠는 기껏해야 할머니의 커피 주전자를 도둑질하는 간 큰(?) 도둑이다. 자기를 골탕먹인 '범인'들에게 후춧가루 총이나 쏘아 대는 도둑일 뿐이다. 그는 무섭기보다는 허풍스럽고, 어리석으면서도 우스꽝스럽고 귀여운 도둑이다. 그렇지만 무작정 어리석기만 한 건 아니다. 자기를 골탕먹인 아이들을 잡기 위해 치밀한 계획을 세우기도 한다. 왕도둑 호첸플로츠를 잡으려는 딤펠모저 경위 역시 도둑을 잡기에는 도무

지 어울리지 않을 만큼 순진하고 허술하기 짝이 없다.

카스페를과 제펠은 할머니가 빼앗긴 커피 주전자를 찾기 위해 교묘하게 변장하고 도둑을 잡으러 나섰지만 호첸플

로츠가 파 놓은 함정에 빠져 허우적대다가 도리어 호첸플로츠에게 잡힌다. 그리고 호첸플로츠의 친구인 사악한 마법사 페트로질리우스 츠바켈만에게 넘겨져 하루 종일 감자나 까는 신세가 되고 만다. 페트로질리우스 츠바켈만은 손가락 하나로 원하는 것은 무엇이든지 척척 불러 오는 신기한 재주를 가졌다.

이들은 서로 위기에 빠뜨리기를 반복하면서 유쾌한 도둑놀이를 즐기는 듯하다. 왕도둑 호첸플로츠와 마법사 페트로질리우스 츠바켈만은 악역이다. 카스페롤과 제펠, 그리고 마법에 걸려 지하에 갇혔다가 풀려난 요정이 선의 자리에 배치되었다. 두 집단은 대립하지만 쫓거나 쫓기는 이들 모두 허풍과 다소의 어리석음을 갖고 있어 교활함의 이면에

감추어진 인간적 속성들을 드러내 연신 웃음을 자아낸다.

도둑을 쫓는 아이들이 겪는 모험은 계속해서 긴장감을 유지하면서 유쾌한 상상력을 불러일으킨다. 도둑, 위대하고 사악한 마법사, 마법에 걸려 두꺼비가 된 요정, 손에 들기만 하면 보이지 않는 신비한 약초, 후춧가루가 장전된 총, 한밤의 모험, 이러한 소재들은 긴장감을 유지하는 힘으로 작용하면서 결국 옳은 일이 승리한다는 믿음을 갖게 한다. 구어체의 발랄한 문장, 끝없이 상상력을 자극하는 인물들, 예측할 수 없는 기발한 사건들의 배치는 적절하게 조화를 이루어 어린이 책이 주는 즐거움에 흠뻑 빠지게 한다.

53

# 『동무 동무 씨동무』
# 『가자 가자 감나무』

편해문 글 / 박향미 그림 / 창작과비평사

# 옛 아이들 노래

해야 해야 나오너라/김칫국에 밥 말아 먹고/장구 치고 북 치고/어서 빨리 나오너라/발가벗고 나오너라

우리 옛 아이들이 구름 속에 들어간 해를 부르면서 놀던 노래이다. 일과 놀이가 삶이었던 옛 아이들은 기어가던 벌레부터 강아지, 송아지, 물고기, 나무, 풀, 꽃, 달, 별, 바람 등 주변 사물과 온갖 자연물과 더불어 일하고 놀았다. 아이들은 혼자서도 놀고 둘이서도 놀고 여럿이 모여서도 놀았다. 이처럼 때와 장소와 상황에 따라 일하고 놀면서 부르던 노래를 『동무 동무 씨동무』, 『가자 가자 감나무』 두 권의 책으로 묶어 냈다. 「풀각시를 만들며」, 「소꿉놀이를 하며」, 「곤충 잡으러 다니며」, 「오줌싸개를 놀리며」, 「밉살스런 동무를 놀려 주며」 등의 노래를 부르는 동안 우리 옛 아이들의 삶을 재미있게 읽을 수 있다.

아이들의 노래와 그 풀이글을 읽어 나가다 보면 옛 아이들의 삶이 영상처럼 지나간다. 아이들은 주변의 사물들을 동무 삼고, 풀과 나무와 벌레와 해, 달도 바람도 비도 모두 동무 삼아 놀았다. 아이들에게는 노는 일이 삶이었고, 삶이 놀이였다. 아이들은 신나게 어울려 놀고 한바탕 웃고 즐기면서 세상에 대한 꿈을 키우고 해야 하는 일, 해서는 안 되는 일을 구별하는 지혜도 배워 나갔다.

지은이는 옛 아이들의 삶과 놀이가 어우러진 현장을 생생하게 살려 내기 위해 전국 방방곡곡을 누비면서 할머니 할아버지들을 만났다고 한다. 그들이 함

께 논도 매고 밭도 매고 잠시 아이들
세계로 돌아가 놀기도 하면서 들려 준
이야기에는 우리 겨레 아이들의 삶과
놀이의 세계가 활짝 열리고 있다.

특별한 장난감 없이도 자연에서 나는
사물을 장난감 삼아서 동무들과 놀면서
일하는 동안 삶의 고단함을 잊고 자연
과 이웃과 더불어 순박하게 살았던 옛
어린이들의 삶이 아늑하게 다가온다.

두 권의 책에 실린 노래들은 책과 함
께 나온 CD를 통해서 직접 듣고 배울
수 있다. 각 노래마다 노래가 생겨난 배
경, 노래에 얽힌 이야기 들이 함께 수록
되어 있어 노래에 대한 이해를 돕고 재
미를 준다.

---

### 더 읽어 보세요

『**이원수 시에 붙인 노래들**』(악보집, CD 2개 포
함) 이원수 글, 백창우 곡, 보림
동요 「고향의 봄」의 노랫말을 쓴 이원수의 시
28편에 곡을 붙여 CD 2개에 담았다.

『**사물놀이**』(CD 포함) 김동원 글, 곽영권 그림,
사계절
우리 고유의 음악인 사물놀이를 신화의 형식으
로 풀어 낸 그림책이다.

『**노래 노래 부르며**』 이원수 글, 장홍을 그림,
길벗어린이
「섬집 아기」, 「고향의 봄」 등 옛 아이들이 불렀
던 동요 19편을 동양화와 함께 엮은 책이다.

『**딱지 따먹기**』(CD 포함) 초등 학교 아이들 글,
강우근 그림, 백창우 곡, 보리
「엄마의 런닝구」 등 아이들이 쓴 시에 주변에
서 쉽게 구할 수 있는 밥그릇이나 빗소리, 아이
들 말소리 등으로 효과음을 넣어 곡을 붙인 노
래이다.

## 『옛날 사람들은 어떻게 살았을까』

조은수 글 / 최영주 그림 / 창작과비평사

# 조선시대 우리 조상들의 생활 문화 이야기

이 책에는 조선시대의 뛰어난 풍속화가 김홍도, 김득신, 신윤복, 강희안 등이 그린 풍속화와 그것을 재미있게 풀이한 글이 담겨 있어 조선시대 사람들의 생활상을 아홉 마당으로 나누어 살펴볼 수 있다.

한 여름날 나무를 해 오는 길에 잠시 나뭇단을 길에 부려 놓고 고누놀이에 정신을 팔고 있는 더벅머리 총각들에게서 배어 나오는 동심이 천연덕스럽다. 옷고름을 풀어헤친 채 땅바닥에 말판을 그려 놓고 장기놀이에 흠뻑 정신을 빼앗긴 두 스님의 자유분방함에서 풍기는 여유도 멋스럽다. 고깔을 쓰고 구경하는 스님들 입가에 흐르는 묘연한 미소의 뜻이 궁금해지기도 한다. 두 아이들이 공기놀이에 마음을 빼앗기고 있는데 그 옆에서 한 아이는 바람개비를 들고 공기놀이 하는 아이들을 넘어다보고 있다. 큰 명절날 같은데 한쪽에서는 씨름이, 또 한쪽에서는 태껸이 벌어져 구경꾼들이 신이 나 있다. 아줌마 아저씨가 쌍육

놀이라는 것에 온통 마음을 빼앗기고 있는 모습은 보는 것만으로도 흥겹다.

한가한 시간에 빨래터의 여인을 훔쳐 보는 선비, 잔잔한 물가에 낚싯대를 드리우고 세월을 낚는 낚시꾼, 길을 가면서 새 소리에 귀를 기울이는 선비에게 현대 문명사회에서는 빼앗긴 삶의 여유가 고스란히 살아 있다. 한여름 대청마루에서 웃통을 훌렁 벗어 던지고 그림 솜씨를 겨루는 선비들에게는 자유분방함이 살아 있다.

이렇게 삶의 여유를 즐기는가 하면 모내기, 김매기, 밭매기 등 함께 어울려 신명나게 일하고 꿀맛 같은 새참을 먹는 농부들도 있어 넘실거리는 삶의 기쁨을 읽게 된다.

삶과 놀이, 일과 놀이가 자연스럽게 어우러진 조선시대 사람들의 삶의 방식은 이제 옛 이야기가 되고 말았다. 우리 겨레 고유의 선과 색, 때와 장소와 상황에 따라 달라지는 표정과 미소까지 잡아낸 그림을 읽는 것도 재미있다. 풍속화와 그림을 해설한 구수한 글을 읽는 재미 속에서 우리 전통문화에 담긴 조상들의 삶의 철학을 인식하게 된다.

4학년

# 좋은 우리 동화는

어린이문학은 한 나라의 역사와 문화와 사회, 어린이의 삶이 반영된 이야기로 민족의 정신을 심어 주는 교과서라 할 수 있습니다. 아이들은 문학을 통해서 자기 둘레 사람들을 이해하고 사회 구조를 이해하며 나라의 정체성을 인식합니다. 그러기에 어린이문학 작가는 한 사회를 관통하는 철학을 갖고 있어야 합니다. 어린이가 자기 삶의 주인으로 살아가도록 독려하는 힘을 주어야 하기 때문입니다.

어른들은 흔히 책을 읽으면 공부를 더 잘하게 된다거나 훌륭한 사람이 될 거라는 식의 기대를 앞세우지만 아이들은 다만 재미를 추구할 뿐입니다. 그 재미는 작품의 주제와 그것을 전달하는 방식과 등장하는 인물과 언어 등이 어우러져서 아이들 마음에 울림을 주는 것이어야 합니다.

그 중에서도 작품에서 아이들 마음을 가장 강력하게 끌어당기는 것은 인물입니다. 아이들 생활 어디에선가 만날 듯한 친근한 인물, 독특하고 개성적이며 유머러스한 인물일 때 아이들은 재미를 느낍니다. 그 인물과 자신을 동일시하여 울고 웃고 분개하면서 억눌린 감정을 해소할 수 있기 때문입니다. 또 해야 할 일, 하지 말아야 할 일을 분별하는 힘을 키우기도 합니다.

예를 들면 『나쁜 어린이표』(웅진닷컴)에 나오는 건우 같은 아이입니다. 건우는 선생님에게 인정받고 싶고, 동무들 앞에서 우쭐대 보고 싶은 보통 아이입니다. 아이들은 건우를 따라가면서 억울하고 의기소침하고 불안하고 안도하는 과정을 겪습니다. 건우와 자신을 동일시하면서 자기 둘레 사람들의 입장을 헤아려 보기도 하고 문제를 해결하는 방법도 생각해 보겠지요.

아이들은 현실을 반영한 이야기에 재미를 느낍니다. 아이들은 수많은 문제가 공존

하는 어른들 세계에서 함께 호흡하며 살고 있습니다. 동화를 읽으며 자신이 살고 있는 공간에서 자기 또래 아이들이 겪음직한 이야기, 어디서나 일어날 수 있는 이야기에 공감하고 재미를 느낍니다. 보통 사람들이 자신들 처지와 비슷한 주인공이 나오는 드라마를 보면서 울고 웃는 이치와 같은 것입니다.

『너도 하늘말나리야』(푸른책들)는 한쪽 부모와 살아가는 아이들 이야기입니다. 부모의 이혼, 경제적 문제나 질병 등의 이유로 한쪽 부모하고만 살아야 하는 아이들은 자신들에게 다가온 사춘기라는 불안한 심리와 맞물려 혼란을 겪습니다. 이 책을 읽는 아이들은 한쪽 부모와 살면서 마음의 아픔을 겪는 아이들, 동무들에게 따돌림 문제로 깊은 상처를 받는 아이들, 가난으로 인하여 고단한 삶을 살아가는 아이들을 간접적으로 만나는 경험을 통해 둘레 사람들을 헤아리는 넉넉한 마음을 키우기도 합니다.

좋은 어린이 책은 쉽고 편안한 문체로 단순 명쾌하게 읽힙니다. 아이들은 따지고 생각하기보다는 즉각적으로 이해하고 받아들인다는 것을 생각하면 작가들은 독특한 문체를 개발하는 데 힘을 기울여야 할 것입니다. 그러면 작품의 완성도는 훨씬 높아지겠지요.

좋은 책은 그림이 글 못지않은 감동을 줍니다. 요즘 들어 어린이 책에서 그림이 차지하는 비중이 커졌습니다. 예전에 어린이 책의 그림은 여백을 채우는 수단으로 인식되어 왔습니다. 그러나 이제는 그 자체가 완성도를 가지면서 이야기의 흐름을 주도하는 중요한 요소로 자리잡고 있습니다. 글과 조화를 이루면서도 독자성을 갖는 그림은 아이들을 즐겁게 합니다. 본문과 일치하지 않는다거나, 개성이 없는 인물을 설정한다거나, 성의 없이 그린 그림은 책의 이미지를 떨어뜨리는 결정적인 역할을 합니다.

여기에 표지의 장정, 레이아웃, 인쇄상태의 선명도, 활자의 모양과 조화로운 배열, 종이의 질 등은 독자로 하여금 호감을 갖게 하는 요소이며 좋은 책의 조건이기도 합니다.

**4**학년

『첫눈 오는 날의 약속』

박경태 글 / 김세현 그림 / 푸른책들

첫눈처럼 소박하고
아름다운 사람들

이 동화집은 기계 문명의 힘이 세상을 지배하는 것 같아도 여전히 따뜻함을 잃지 않은 사람들이 세상의 주인이라는 사실을 확인하게 한다. 따뜻함은 누구에게나 때때로 찾아오는, 감당하기 버거운 삶의 무게를 이기게 하는 힘이 된다. 저마다 가진 고단함과 슬픔을 또다른 사람들이 보여 주는 따뜻한 배려로 견뎌 내면서 끝끝내 삶에 대한 용기와 희망을 잃지 않는 것이다.

동화 「바보 철승이」의 주인공 철승이는 바보라고 홀대받는 떠돌이 거지이지만 산에서 부상을 당해 홀로 무서움과 싸우는 아이의 신음 소리를 들을 수 있는 귀를 가졌다. 표제작 「첫눈 오는 날의 약속」에서는 도시락을 가져오다가 차에 치여 하늘나라로 간 딸아이 때문에 눈물로 붕어빵을 굽던 아저씨가 첫눈 오는 날 한 여자 아이와의 따뜻한 만남으로 슬픔을 극복하게 된다. 작가는 아홉 편의 동화를 통해 교통사고로 부모를 잃은 아이에게도, 먼저 세상을 떠난 할머니 때문에 슬픔에 젖어 있는 할아버지에게도 따뜻한 희망을 건네 준다.

이 동화집은 힘들어하는 사람들을 위해 삶의 구비 어딘가에 또다른 기쁨을 준비하고 있는 신의 손길을 느끼게 한다. 온천지에 돈 냄새가 진동하는 시대에도 아동문학은 사람 중심의 가치관에 눈을 뜨게 하는 희망의 문학이어야 한다는 조건을 충실히 이행하는 책이다.

# 『고물장수 로께』

호셉 발베르두 글 / 현윤애 그림 / 김재남 옮김 / 푸른나무

# 어린 고물장수 로께 이야기

아이들은 책에 나오는 인물과 자신을 동일시하면서 즐거움을 느낀다. 정의로운 주인공이 긴박한 상황에 놓이면 마치 자신이 사건을 해결하는 주인공이라도 되는 양 주먹을 불끈 쥐고 의로운 용사가 된다. 슬픈 주인공을 만나면 함께 눈물을 흘리며 위로한다. 열두 살 된 가난한 고물장수 '로께'를 만나면 우리 아이들은 어떤 마음이 될까?

로께는 가난하다. 아빠도 없다. 벌이가 신통치 않은 엄마와 어린 동생 미켈과 함께 빈민촌에서 산다. 로께는 돈을 벌어야 하기 때문에 학교에 가지 못하고 고물장수 따노 아저씨를 따라서 고물 주워 파는 일을 한다. 고물 더미에서 골라낸 잡지를 들춰보면서 어쩌다 아는 글자를 찾아 간신히 읽는다. 로께는 공부를 하고 싶어서 제 또래 여자 친구인 클라라를 선생님으로 모시고 학생이 세 명뿐인 작은 학교를 만들어 공부한다.

하지만 로께는 결코 불행하지 않다. 걷지 못하지만 마음씨 따뜻한 친구 클라라가 있기 때문이다. 로께를 극진히 아끼는 따노 아저씨와 어려운 일에는 발벗고 나서는 또레스 아저씨 같은 이웃들이 있기 때문이다.

로께는 가난하지만 열심히 살아가면서 좋은 일이 있을 것이라는 희망을 잃지 않는다. 로께의 희망대로 따노 아저씨에게도, 엄마에게도, 클라라에게도 모두 좋은 일이 생기는 결말은 지금 어려움에 처한 아이들에게 밝고 희망적인 내일을 암시한다. 그 자체만으로도 삶을 의미 있게 하기에 충분하다.

# 방학에 하는 책읽기

　방학이 되면 아이들은 일상의 얽매임으로부터 해방된다는 생각 때문에 생활태도가 풀어지기 쉽습니다. 몸도 마음도 쉬어야 할 때이긴 하지만 약간의 긴장감은 평소 책읽기의 흐름을 유지하는 데 필요합니다. 보통의 일정과 달라지는 방학 중에는 어떻게 책읽기를 하면 좋을지 생각해 보았습니다.

　여행을 하거나 밖으로 나갈 때, 가까운 거리를 가게 될 때는 시집을 한 권쯤 들고 나가면 좋습니다. 잠시 쉴 동안에, 지하철을 타고 갈 때 살짝 펴들고 시 한 편쯤 읽으며 어떨까요. 『재운이』(창작과비평사), 『산골 아이』(보리), 『바퀴 달린 모자』(현암사), 『감자꽃』(창작과비평사) 등을 권합니다.

　기차나 비행기를 타고 먼 여행을 할 때는 지루함을 느끼기 쉽습니다. 이럴 때는 장편동화를 읽으면 좋습니다. 이야기의 맛을 제대로 즐길 수 있는 것은 장편동화입니다. 커다란 사건과 다양한 인물들이 호흡하는 장편동화의 매력에 푹 빠지는 동안, 이야기를 읽는 힘, 생각하는 힘, 세상을 보는 눈이 쑥쑥 자랄 것입니다. 『머피와 두칠이』(지식산업사), 『마당을 나온 암탉』(사계절), 『압록강은 흐른다』(계수나무), 『5월의 노래』(창작과비평사), 『북경 이야기 1, 2』(베틀·북) 등을 권합니다.

　평소에 관심을 갖고 있던 분야의 책을 깊이 있게 보는 것도 좋겠습니다. 자기가 좋아하는 분야의 책만 보다 보면 절름발이 독서가 되기 쉽습니다. 어릴 때 다양한 책을 읽어 두는 것이 살아가면서 얼마나 큰 재산인가를 생각한다면 여러 분야의 책을 읽도록 도와 주어야 하겠습니다.

　아이에게 그 동안 읽었던 책 목록을 분야별로 작성해 보게 합니다. 창작동화, 외국 동화, 옛이야기, 인물전, 과학, 동시, 기타 등을 써 놓고 각각의 영역 밑에 자신이 읽었던 책 제목을 죽 써 봅니다. 어느 곳은 밑으로 길게 내려가기도 하겠고 어디는 그렇지 못할 수도 있겠지요. 그러면 어떤 분야의 책을 많이 읽었는지 소홀한 분야는 어디인지가 드러날 것입니다. 예를 들어 동시 분야의 책을 다른 분야보다 덜 읽었다면 인터넷이나 신문 자료를 이용해서 동시에 관한 정보들을 수집하여 읽고 싶은 책의 목록을 작성합니다. 그 다음에 서점에 나가서 살펴보고 골라서 읽습니다. 책을 고를 때는 머리말이나 목차 정도를 읽어 보고 대강의 내용이나 분위기를 파악한 다음에 사면 좋겠습니다.

집 안에 책 나무를 하나 키우면서 읽는 책을 점검해 보는 것도 좋겠습니다. 먼저 큰 종이에다 커다랗게 나무를 하나 그립니다. 그 다음에는 책을 읽을 때마다 스티커를 붙여 나갑니다. 색지에 읽은 책, 간단한 소감 따위를 적어서 붙여 나가면 나중에 내용을 되새겨 보는 데도 도움이 됩니다. 책에 따라서 색지의 색깔도 바꾸면 좋을 것입니다. 창작동화는 파란색, 외국동화는 빨강색, 동시는 보라색 하는 식으로 말입니다.

방학에는 다양한 문화적 접촉을 할 기회가 많아집니다. 예를 들어 박물관에 갈 수도 있겠고, 음악회에 갈 수도 있겠지요. 영화나 연극, 인형극 등을 감상할 수도 있을 것입니다. 모든 문화는 책과 연결되고, 모든 책은 문화와 연결이 되기 때문에 공연과 관련된 책을 찾아서 읽고 간다면 문화 나들이의 효과가 더욱 클 것입니다. 반드시 책을 사지 않더라도 큰 서점에 나들이 삼아 나가 보면 책에 대한 다양하고 새로운 정보를 얻을 수도 있을 것입니다.

가족신문을 만들 계획을 세워 보는 것도 좋겠습니다. 방학 중에 읽은 책, 개별적으로 한 일, 가족이 함께 한 일, 이웃이나 친척과 함께 한 일 등을 그때 그때 기록하면서 읽는 습관을 갖게 할 수 있습니다. 『우리 가족신문 만들어 봐요』(차림)라는 책이 도움이 될 것입니다. 책읽기는 가족 문화로 자리잡아야 즐겁고 의미 있는 일이 될 수 있습니다.

다 읽고 난 책, 학년이 높아져서 더 이상 읽지 않는 책을 공부방이나 고아원, 지역 도서관에 기증하는 일도 직접 해 보게 하세요. 책의 문화도 이웃과 더불어 나누고 실천할 때 의미 있습니다. 방학 중에는 이처럼 직접 실천하고 몸으로 겪는 일을 통해서 책을 생활의 일부로 받아들이게 하는 경험을 하게 해 주세요.

# 5학년에게 권하는 책

# 인간다운 마음을 키워 주는 책읽기

아이들은 이제 자기를 둘러싼 세상에 대해 폭넓은 관심을 갖게 됩니다. 매스미디어에서 쏟아 내는 넘치도록 많은 정보는 아이들이 좀더 빨리 관심의 촉수를 세우는데 큰 몫을 하고 있습니다. 문제는 빠르게 변화하고 성장하는 아이들을 어른들이 미처 따라가지 못한다는 것입니다. 우리 아동문학의 아버지 이원수 선생님은 『아동문학 입문』(한길사)에서 '아동은 하나의 사회인이다. 어른들의 사회 기구에 직접 관계하지 않을 뿐 그들은 사회의 한 분자로 생활하고 있다.' 라고 했습니다. 아이들은 이제 뭘 모르는 어린애가 아니라 사회의 한 구성원으로 쑥쑥 자라고 있는 것입니다.

아이들에게 좋은 책을 가려 읽히는 것은 다른 어느 것보다 인간다운 마음을 키우기 위함입니다. 불의에 저항하여 옳은 것을 위해 싸울 수 있는 용기를 키우고, 세상 모든 이들과 더불어 살아가는 정신을 갖도록 하기 위함입니다. 즉 건강한 세계관을 가진 사회인으로 성장하도록 돕고자 하는 것이 독서 교육의 목표가 되어야 합니다. 그러기 위해서 꼭 읽혀야 할 책을 생각해 봅니다.

사회 속의 한 인간으로 성장하도록 하기 위해서는 장르의 폭을 넓혀 다양한 책을 읽게 하는 것이 좋겠지요. 아이들의 현실과 취향을 반영한 국내외 동화로부터 역사를 소재로 한 동화, 사회 문제를 다룬 책, 자연과학을 다룬 책, 예술을 다룬 책 등 폭넓은 책을 읽게 합니다. 새로운 시대의 인물상을 제시할 인물전, 어린이들 마음 속에 맑고 고운 감성을 키워 줄 동시도 읽게 하면 좋겠지요. 현대 사회를 살아가는 데 필요한 지식과 정보를 주는 책도 필요합니다. 궁극적으로 아이들이 읽는 책의 중심은 문학에 두는 것이 옳다고 봅니다. 문학은 인간의 삶을 다룬 것이며, 인간에 대한 애정을 키우는 것이 그 무엇보다도 중요한 삶의 지향점이니까요.

　5학년쯤 되면 어른들은 좀더 수준 높은 책을 읽혀야 한다고 생각해서 명작의 다이제스트를 선호하는 경향이 있습니다. 최근 들어 많이 쏟아져 나오는 『봄봄』, 『동백꽃』, 『주홍 글씨』 같은 고전·명작들의 다이제스트판이 꽤 잘 팔린다는 이야기를 들었습니다. 하지만 중·고등학교 때 읽어야 할 책을 미리 읽어 둘 필요는 없습니다. 어린 시절은 빨리 지나갑니다. 지금 읽어 두지 않으면 끝내 읽지 못할 책도 너무나 많습니다. 그러니 지금은 초등 학생을 위한 책을 풍부하게 읽어 두어야 다음 단계의 책읽기가 자연스럽게 이루어집니다.

　무조건 많이 읽기보다는 다양하게 읽되 엄선된 책을 천천히 음미하면서 읽는 것이 훨씬 효과적입니다. 그리고 다이제스트가 아닌 원작을 읽는 태도가 이 시기 아이들을 위한 책읽기 지도에서 꼭 강조되어야 할 일입니다. 이 시기 아이들은 자기 논리가 좀더 강화되므로 비판적인 독서를 하게 하는 것이 필요합니다. 책의 내용을 무조건 받아들이는 수동적인 태도가 아니라 책에서 전개되는 내용이나 인물들의 행동과 말을 따져 보면서 비판하는 태도로 책을 읽을 때 사고력이 향상되고 비판력도 생깁니다. 그러자면 늘 생활에서 책읽기가 이루어져야 하겠지요.

　그리고 아이들이 책을 읽고 나서 함께 이야기할 상대가 있어야 하겠습니다. 물론 학교에서 이루어지는 토론도 있지만 일상에서 궁금한 것이나 생각이 다른 것을 서로 나눌 수 있는 상대가 필요합니다. 부모님이나 다른 가족도 늘 책을 읽으면서 이야기하기를 즐길 수 있다면, 아이는 책읽기의 즐거움을 누리면서 건강한 세계관을 형성해 갈 것입니다.

『똘배가 보고 온 달나라』

권정생 외 글 / 강요배 그림 / 창작과비평사

# 우리 아동문학의 고전

이 책은 출간 당시인 1970년대 말에는 거의 주목을 받지 못했다. 그 무렵 어린이 책 시장은 서구 동화 전집이 장악하고 있었기 때문이다. 그러나 이 책은 강산이 두 번 변할 만큼의 시간이 지난 지금까지 큰 서점의 서가를 당당히 차지하고 있는 우리 아동문학의 고전이다.

권정생•손춘익•이영호•이현주•정휘창 등 그 당시 아동문학계의 중심에서 활동하던 동화작가 다섯 분의 작품을 모은 책으로 강아지 똥, 똘배, 송아지 따위의 동물이나 사물을 의인화한 스무 편의 동화에 우리 겨레의 삶과 역사와 정서가 진득하게 배어 있다. 때로는 사실적인 묘사로, 때로는 시적인 문장으로, 풍자로 이 땅에서 살아간 사람들의 삶을 그려 내고 있어 자라는 아이들에게 대를 이어 물려 주고 싶은 작품들이다.

「무명 저고리와 엄마」는 간결하고 시적인 문장을 통해 수난으로 얼룩진 한반도의 비극을 총체적으로 인식하게 한다. 어질고 착한 어머니가 일본 경찰의 칼날과 징용, 한국전쟁과 월남전 등 커다란 역사적 사건을 겪으면서 사랑하는 남편과 일곱 아이들을 하나하나 잃는다. 시커멓게 타 들어간 어머니에게서 힘없고 가난했던 한반도의 슬픈 역사를 읽게 되는 것이다. 그림책으로도 발간되고 일본에 번역되기도 한 「강아지 똥」은 아무 곳에도 쓸모없을 것 같은 강아지 똥이 자신을 녹여 아름다운 민들레꽃을 피워 낸다는 내용이다. 길가에 떨어진 흙덩이의 입을 빌어 '하느님은 쓸데없는 물건은 하나도 만들지 않으셨어' 라고 말함으로써 세상 모든 사람들에게 충만한 삶의 의미를 느끼게 한다. 권정생은 「똘배가 보고 온 달나라」에서도 시궁창에 떨어져 썩어 가는 똘배를 통해 세상 가장 낮은 곳을 비추는 희망의 빛을 이야기하며 소외된 이들을 향한 작가의 넓고 깊은 사랑을 보여 준다.

이 밖에 농촌 아이들의 순박한 정서를 정겹게 그린 손춘익의 「송아지가 뚫어 준 울타리 구멍」, 약자 위에 군림하는 이들과 현대인들의 극도의 이기심을 풍자하는 이현주의 「개구리」, 「알게 뭐야」를 읽는 재미도 각별하다. 강대국이 약소국을 경제적으로 침략해 가는 과정을 우화적으로 쓴 정휘창의 「원숭이 꽃신」은 우리 겨레의 현실을 인식하는 힘을 길러 준다. 한 편 한 편이 소중하게 다가오는 책으로 서구 동화가 서구인의 정신을 심어 주듯이 우리 겨레의 정신을 이어 주는 민족의 교과서라 할 만하다.

# 『할머니를 따라간 메주』

오승희 글 / 이은천 그림 / 창작과비평사

## 삶에 대한 긍정성을 부여하는 이야기

아이들은 늘 무언가를 바라고 기대한다. 「내 친구 용우」에 나오는 용우처럼 공부도 잘하고 싶다. 공부 잘하는 형과 비교당하면서 콤플렉스에 빠지기를 바라지 않는다. 부자이고 싶고 친구들에게 인기도 끌고 싶다. 어른들의 사랑도 듬뿍 받고 싶다. 「하얀 깃발 우리 집」에 나오는 인희처럼 무당일을 하면서 구접스럽게 살아갈 수밖에 없는 현실을 거부하고 거짓말을 해서라도 허영심을 부리며 부자 행세를 하고 싶다. 「우리 반 반장」에 나오는 호성이처럼 공부는 잘 못하지만 반장으로 뽑혀 보고도 싶다.

그러나 아이들이라고 해서 세상이 제 맘대로 되는 건 아니다. 내 맘 같지 않은 사람들 속에서 부대끼면서 살다 보면 의외의 곳에서 제각기 자기 색깔을 가진 이웃들과 만나게 된다. 「내 친구 용우」에서 용우가 성진이의 도움으로 공부 콤플렉스에서 벗어나는 것이나, 「하얀 깃발 우리 집」에 나오는 인희가 늙고 병든 할머니를 모시고 신문 배달을 하면서도 밝고 당당하게 살아가는 미선이를 보면서 현실을 인정하게 되고 마음이 편해지기도 하는 것처럼 말이다. 반장 선거에 떨어졌어도 함께 있어 주는 친구들에게서 반장보다 더 소중한 것을 발견하는 호성이처럼 말이다.

이처럼 아이들은 어른들만의 문제일 것 같은 삶이라는 현장에서 세상을 배워 간다. 그리고 고부간의 갈등, 할머니의 남녀 차별, IMF로 인한 아버지의 실직 등 다양한 현실과 싸우면서 자기 삶의 주체로 서게 된다. 이 책은 전반적으로 아이들이 현실에서 부딪칠 수 있는 일을 다루면서 아이들 눈이 사회를 향하여 열리도록 돕는다. 특별히 문제를 가진 아이가 아니더라도 한 번쯤 주변에서 여러 가지 문제로 마음의 고통을 겪는 동무들을 생각해 볼 기회를 갖는 데 의미가 있을 것이다. 아이들의 현실과 마음의 변화를 섬세하게 그리면서 삶에 대한 긍정성을 부여하는 이야기들이다.

## 어린이 책 관련 사이트

**어린이도서연구회** http://www.childbook.org/
겨레의 희망인 어린이에게 좋은 책을 알리는 것을 목적으로 하는 시민단체이다. 출판문화, 도서관, 독서문화를 살피는 기본활동과 회보, 권장도서 목록 발행, 지역 모임 운영 등을 한다.

**오른발왼발** http://www.childweb.co.kr/
어린이와 책을 연결시킨 어린이문화를 축으로 한 다양한 정보를 제공한다. 베스트셀러 분석, 어린이문화 정보, 어린이신문 정보, 새책 정보, 어린이 책 상담실 등을 이용할 수 있다.

**겨레아동문학연구회** http://www.gyure.org/
인천 지역 교사들이 중심이 되어 아동문학을 연구한다. 홈페이지에는 이들이 연구한 어린이 책과 문학에 대한 정보가 올라와 있다.

**어린이문학** http://www.alinimunhak.org/
동화작가를 꿈꾸는 이들이 중심이 된 단체이다. 작가, 작가 지망생 등이 주요 구성원을 이루며 잡지 월간 〈어린이문학〉을 펴낸다.

**어린이** http://www.childnbook.com/index-f.htm
방정환 선생님이 일제강점기하에서 만들었던 잡지 〈어린이〉 영인본 내용을 볼 수 있다.

**작은책방** http://www.blueink.pe.kr/
그림책, 동화책을 비롯해서 아이들과 함께 할 수 있는 여행지 등 어린이 책을 중심으로 한 어린이들의 문화를 읽을 수 있는 곳이다.

**강백향의 책읽어주는선생님** http://www.mymei.pe.kr/
아이들의 책읽기에 대한 알짜 정보를 다룬다. 좋은 책 소개는 물론, 책을 좋아하게 하는 방법, 교과서에 따른 독서지도 수업안 등 엄마이자 교사인 운영자답게 아이들과 관련된 폭넓은 정보가 가득하다.

**아동문학** http://www.adongmunhak.com/
창작동화, 외국동화, 동시 등 아동문학 작품에 대한 서평을 중심으로 하여 아동문학 전반에 대한 전문적이고 진지한 담론의 장을 펼친다.

『아벨의 섬』

윌리엄 스타이그 글·그림 / 송영인 옮김 / 다산기획

# 이기지 못할 고난이란 없다

　작가 윌리엄 스타이그는 생쥐를 무척 좋아하나 보다. 이미 앞서 출판된 그림책 『치과의사 드소토 선생님』이나 『아모스와 보리스』 등에서도 생쥐를 주인공으로 내세운 이야기로 특별한 감흥을 선사한 바 있다. 스타이그의 생쥐는 치과의사가 되기도 하고 여행길에서 풍랑을 만나 바다에 빠지기도 한다. 『아벨의 섬』에서는 아무도 없는 작은 섬에 고립된다.

　『아벨의 섬』의 주인공 생쥐 아벨라드 하삼 디 치리코 플린트는 결혼 첫해에 사랑하는 아내 아만다와 소풍을 갔다가 태풍에 휩쓸려 낯선 무인도에 떨어진다. 그 곳에서 아벨은 1년 반 동안이나 혼자서 살아가며 끊임없이 무인도를 벗어나려고 애쓴다. 그러다가 처절한 투쟁을

벌인 끝에 극적으로 귀환한다.

　스타이그는 이 책에서 다른 등장인물을 배치하지 않고 오로지 아벨을 이야기의 중심에 놓는다. 그리고 시간의 흐름과 계절의 변화와 함께 생쥐 아벨의 심리를 기막히도록 섬세하고 치밀하게 묘사한다.

　아벨은 적당한 자존심, 자만심, 치밀함, 나약함, 기발함, 인내심 따위를 고루 갖고 있다. 도대체 어떻게 해 볼 수 없는 상황에서도 지치지 않고 뭍으로 가기 위한 갖가지 방법을 찾아 내고 시도하기를 반복한다. 뗏목을 만들기도 하고, 나무 꼭대기에서 뛰어내려 강 건너로 날아 보기도 한다. 아벨은 이렇게 갖은 방법으로 희망을 키워 보지만 귀환은 쉽지 않다. 아벨은 외로움과 분노를 느

끼고 아내 아만다에 대한 주체할 수 없는 그리움에 몸을 떨기도 한다. 그러면서도 자신을 둘러싸고 있는 아름다운 자연을 느끼는 낭만을 잃지 않는다. 그러는 동안 계절은 봄에서 여름, 가을, 혹독한 겨울, 그리고 다시 봄과 여름으로 진행된다. 결코 희망을 버리지 않고 사랑하는 아만다와 가족에게 돌아가기 위해 필사적으로 노력하는 아벨의 모습은 삶에 대한 경외심마저 느끼게 한다.

한편, 아벨의 모습을 보면서 인간은 문명의 힘이 아닌 자연의 힘으로 살아가고 있음을 느끼게 된다. 아벨이 무인도에서 1년 반 동안 지낼 때 자연은 풍부한 먹을거리와 잠자리를 제공한다. 밤하늘의 별, 기막히게 아름다운 자연경관이 가끔은 기쁘고 행복한 순간들도 제공한다. 아벨은 올빼미에게 잡혀 죽을 고비를 넘기고, 바람에 실려 들어온 두꺼비를 통해 잠시 문명 세계의 기운을 느끼기도 한다. 하지만 무엇보다도 아벨은 적당한 고난을 받으면서 삶에 대한 의지를 잃지 않고 자연의 순리에 따를 줄 아는 지혜를 배웠다. 가뭄이 시작되고 강물이 줄어들면서 아벨이 헤엄쳐 집으로 돌아갈 수 있었던 것도 자연의 순리에 순응하는 진리를 깨달았기 때문이다.

생쥐의 생리적 특성과 인간적 속성을 고스란히 간직한 아벨의 심리, 변화하는 자연에 대한 묘사는 이 책을 격조 높은 어린이문학으로 인정하는 데 주저하지 않게 한다.

# 『샬롯의 거미줄』

엘윈 브룩스 화이트 글 / 가스 윌리엄즈 그림 / 김화곤 옮김 /
시공주니어

## 새끼돼지와 회색거미의
## 우정 이야기

『샬롯의 거미줄』은 아동문학의 고전으로 꼽히는 책, 아동문학의 즐거움을 풍부하게 제공하는 책, 훌륭한 아동문학의 조건을 두루 갖춘 책과 같은 찬사가 부끄럽지 않을 책이다. 흔히 이 책을 두고 새끼돼지 윌버와 회색거미의 우정을 다룬 책이라고만 한다. 하지만 이 책을 더 빛나게 하는 것은 이야기의 배경과 등장인물에 대한 섬세한 심리묘사이다.

새끼돼지 윌버는 작고 연약하게 태어났다는 이유만으로 죽임을 당할 위기에 놓인다. 그러나 여덟 살 된 펀이 아빠한테 울면서 매달린 덕분에 간신히 살아나 주커만 농장으로 팔려 간다. 윌버는 얼마 후에 닥쳐올 위기를 전혀 예상하지 못한 가운데 무료함과 외로움을 견디지 못하고 몸부림친다. 그 때 회색거

미 샬롯이 조용히 다가와 '내가 네 친구가 되어 줄게' 라고 말한다.

윌버는 샬롯과 친구가 되어 모처럼 평화를 맛보지만 얼마 후 늙은 양은 윌버가 크리스마스 때 베이컨과 햄이 되어야 한다는 소식을 가져온다. '난 죽고 싶지 않아!' 라며 울부짖는 윌버에게 샬롯은 죽지 않게 해 주겠다고 위로한다.

그리고 돼지 우리에 쳐 놓은 거미줄에 글자를 짜 넣기 시작한다. 글자는 '대단한 돼지'에서 '근사한 돼지', '겸허한 돼지'로 이어진다. 거미가 글자를 짜 넣을 거라고는 생각조차 못한 사람들은 윌버를 기적을 일으키는 특별한 돼지로 여긴다.

일약 스타가 된 윌버는 죽임을 당하기는커녕 특별한 돼지로 대접받으며 돼지 품평회에 나가 특별상까지 받는다. 하지만 샬롯은 있는 힘을 다해 거미줄을 짜고 아무도 없는 품평회장 구석에서 쓸쓸하게 죽고 만다. 윌버는 샬롯이 남겨 놓은 새끼들을 돌보면서 남은 여생을 잘 보낸다.

농장 헛간을 무대로 펼쳐지는 순진한 새끼돼지 윌버와 사려 깊고 인정 많은 거미 샬롯이 펼치는 우정 이야기는 매 순간 가슴을 출렁이는 감동으로 젖게 한다. 그 밖에 투덜이 쥐 템플턴, 늙은 양, 거위, 펀, 에이브리 등 등장인물들의 움직임과 감정의 변화, 이야기 무대가 되는 농장의 분위기와 고약한 냄새까지도 생생하고 유머러스하게 묘사한 문체는 이 작품이 명작으로 자리잡는 데 큰 몫을 한다. 화가 가스 윌리엄즈의 매력적인 그림은 이 작품의 격조를 더욱 높인다.

**엘윈 브룩스 화이트**
미국에서 태어나 잡지 〈뉴요커〉에서 필자로, 편집인으로 오랫동안 활동했다. 동물을 주인공으로 세 권의 어린이 책을 썼는데, 그 중 대표작으로 꼽히는 것이 『샬롯의 거미줄』이다. 이 작품에 대해서 그 스스로는 '농촌의 헛간과 분뇨를 예찬한 것'이라고 평한 바 있다.

**가스 윌리엄즈**
인생에 그림 말고는 아무것도 없다고 생각하는 일러스트레이터로 80권 이상의 어린이 책에 그림을 그렸다. 우리 나라에 널리 알려진 작품으로는 『토끼의 결혼식』과 TV시리즈 '초원의 집'의 원작인 『초원의 집』 시리즈가 있다.

5학년

75

# 『이쁘 언니』

강정님 글 / 양상용 그림 / 푸른책들

## 어려운 시대를 상상의 힘으로 살아간 아이

일제 말인 1940년대 무렵부터 해방되기까지 밤나무정이라는 마을을 배경으로 일어나는 여섯 편의 이야기는 수난의 한 시대를 살아 온 우리 겨레의 애틋한 삶을 그대로 보여 준다.

주인공 '복이'는 지나온 옛일을 회상하는 형식으로 풀어 가는 이야기의 중심에 있다. 그 밖에 아버지, 어머니, 할아버지, 동생 덕이 등의 가족들과 먼 친척뻘 되는 이쁘 언니, 광암 아저씨, 그리고 이웃집 달섭이 아저씨, 행화촌 할아버지 등 다채로운 삶을 살아간 인물들이 엮어 가는 이야기는 따로 떨어져 있으면서 전체가 하나를 이루는 연작 형태로 이어진다. 복이는 이야기마다 등장하는데 때로는 중심에 서기도 하고 때로는 주변에 머물면서 그 시대와 현재를 이어 주는 역할을 한다.

「이쁘 언니」에서는 초등 학교 2학년인 복이가 동무 집에 갔다가 낯선 길로 들어서 삼십 리 밖으로 시집간 이쁘 언니를 만나고 돌아오는 여정을 그린다. 순박한 복이가 경험한 낯설고 두렵고 설레고 가슴 벅찬 사건들이 크고 작은 울

림으로 다가온다. 「날아라 태극기」는 일제강점기에 일장기에 태극을 그렸다는 이유로 작은아버지가 일본 경찰에게 잡혀 가자 복이와 덕이가 갖가지 상상력을 동원해 태극의 모습을 상상하다가 해방이 되어 비로소 태극을 보고 난 가슴 벅찬 감동을 고스란히 전한다. 어른들이 일제의 총칼에 맞서 온몸으로 싸울 때 천진한 마음으로 험한 세상을 바라보고 느낀 어린이의 마음이 고스란히 전해진다.

「안개 골짜기」는 '밤보다 검고, 공기처럼 가볍고, 바람처럼 빠르고 존재하는 동시에 존재하지 않는' 어시들 이야기이다. 이 세상에서 비참하게 살다가 죽은 것이 한이 되어 차마 저승으로 가지 못하는 가엾은 원혼들인 '어시'들에게 어렵게 얻은 집을 내 주고 떠나는 광암 아저씨의 우직하나 심성 고운 모습을 만날 수 있다. 모처럼 할아버지와 복이가 잔칫집에 나들이를 갈 때 따라나선 개 월이가 남의 집에서 다섯 마리나 되는 새끼를 낳고는 밤중에 멀고 먼 집을 다섯 번이나 오가며 새끼들을 물어 나른 이야기 「봄이 오는 날에」에서는 자식에 대한 어미개의 절대적인 사랑을 경험하게 된다.

이 책은 그 시대의 다양한 삶의 여러 형상들 속에서 힘겹고 고단한 삶을 이겨 낸 든든한 힘은 가족이라는 튼실한 울타리, 인간에 대한 굳건한 믿음, 민족에 대한 뜨거운 애정이라는 사실을 분명히 이해하게 한다. 63세라는 나이에 첫 작품집을 내놓은 늦깎이 작가만이 가질 수 있는 따뜻하면서도 독특한 문체와 분위기가 느껴지고 섬세한 묘사와 살아 있는 전라도 사투리가 당시의 생활상을 진술하게 전한다.

# 『싸우는 아이』

손창섭 글 / 김호민 그림 / 우리교육

## 싸움 권하는 세상에서 살아가는 아이

나는 강찬수라고 합니다. 1960년대에 손창섭이라는 소설가 아저씨가 나를 있게 했어요. 『싸우는 아이』에 나오는 주인공이죠. 싸우는 아이라니까 불량소년이 아닌가 생각할지 모르지만 결코 그렇지 않아요. 나는 5학년이고 누나는 열다섯 살이에요. 우리는 할머니가 내복 장사를 해서 먹고 살아요. 손창섭 아저씨는 나를 싸우는 아이라고 했지만 나는 싸움을 좋아하지 않아요. 어쩔 수 없이 싸우게 될 때도 매를 맞을까 봐 무서워 도망치고 싶을 만큼 겁이 많은 아이예요.

그런데 세상은 나를 싸우는 아이로 만들어요. 미숙이 엄마는 우리가 석 달씩이나 사글세를 내지 못한다고 짐을 끄집어 냈어요. 상진이 엄마는 할머니 외상값을 갚지 않고 이사를 가 버렸어요. 누나네 회사 사장님은 쥐꼬리만 한 누나의 월급을 주지 않으려고 이리저리 미루기만 했어요. 중학교 학비를 마련하기 위해 신문 장사를 했는데 어떤 아저씨는 신문값도 내지 않으려고 했어요. 아이스케키 장사를 했는데 꼬마 깡패들은 아이스케키를 먹고 돈도 내지 않으면서 모두 달려들어 나를 때렸어요.

나는 그들과 싸우지 않을 수 없었어요. 인수네가 내 또래밖에 안 되는 영옥이에게 죽도록 일을 시키면서 월급도 제대로 주지 않는 것을 보고만 있을 수는 없었어요. 나는 옳지 않은 일을 참을 수 없었어요. 적당히 타협하고 지나갈 수도 없었어요. 잘못한 일도 없는데 매를 맞고 가만 있기에는 너무 억울했어요. 억울한 일을 당하고도 비겁하게 물러설 수는 없었어요. 자존심을 잃을 수도 없었어요. 그래서 부당한 사회와 맞서 싸웠어요.

세상은 크고 험한 파도가 끊임없이 밀려오는 바다 같아요. 나는 착하게 살고 싶은데 세상은 자꾸만 싸움을 하게 해요. 그래도 나는 누구도 원망하지 않았어요. 옳지 않은 일과 싸우면서 열심히 살았어요. 발이 부르트도록 쫓아다니면서 누나 직장도 구해 주었어요. 인수네 협박에 시달리면서도 아무도 모르게 영옥이를 빼돌려 부잣집에 들어가 일하게 해 주었어요. 그 때문에 나를 가만

두지 않겠다는 협박에 시달리기도 했지만 잘못된 세상을 보고만 있을 수는 없었어요. 나는 세상의 주인이고 나의 주인이기 때문이에요.

나는 앞으로도 세상의 옳지 못한 일과 싸울 거예요. 씩씩하게 살 거예요. 어떤 경우에도 결코 주저앉지 않을 거예요.

**손창섭**
1922년 태어나 4, 50년대에 활발하게 활동했던 소설가이다. 일반문단에서는 단편소설 「잉여인간」의 작가로 널리 알려져 있다. 「장님 강아지」(우리교육)가 「싸우는 아이」와 함께 나왔다.

# 『별똥별 아줌마가 들려 주는 우주 이야기』

이지유 글·그림 / 미래M&B

## 우주에 내가 있고 내가 우주에 있다

우주선이 달에도 가고 화성에도 가는 세상이지만 여전히 우주는 늘 미지의 세계이며 신비의 세계로 남아 있다. 게다가 우주는 재미없는 분야라는 인식 때문에 접근하기가 어려웠다.

글쓴이는 천문학도이자 어린이 책을 좋아하는 여성으로 이 책에서 우주에 관한 여러 가지 궁금증을 어떤 책보다 쉽고 편안하게, 그리고 유머러스하게 풀어 준다. 우주에 존재하는 많은 별들의 크기나 위치, 무게와 나이, 지구와의 거리 등이 얼마나 제각각인지, 달과 인간이 어떻게 관련을 맺고 있는가를 자분자분 들려 준다. 또 천체를 관측하는 방법과 과정, 별들의 탄생과 죽음 따위의 천문학에 대한 최신의 정보를, 인공위성을 이용해 얻은 자료를 바탕으로 풍부하게 제공한다.

저자가 이 책에서 핵심적으로 전달하려는 것은 '천문학은 사람을 위한 학문'이라는 점이다. 사람들의 삶과 우주가 어떻게 관계를 맺어 왔는지를 알려 주고, 우주의 질서 속에 사람이 있고 사람의 질서 속에 우주가 있음을 느끼면서 별에게 한 발 더 다가갈 수 있게 하려는 것이다. 이 책은 아이들이 우주에 대해 친절한 도움을 받을 수 있는 반가운 책이다. 부록으로 실린 천문학 관련 사이트 목록, 망원경을 갖추어 놓고 원하는 이들에게 별을 보여 주고 궁금한 것도 가르쳐 주는 사설 천문대 목록, 어린이를 위한 우주과학책 목록은 우주에 관심 있는 아이들에게 알짜 정보가 될 것이다.

# 『할매, 나도 이제 어른이 된 거 같다』

밀양 단산 초등 학교 5·6학년 아이들 글·그림 / 이승희 엮음 / 굴렁쇠

## 밀양 지방 아이들이 쓴 정겨운 삶 이야기

'우리 반 식구들은 집에 뭐 먹을 게 있으면 곧잘 가져와 나눠 먹습니다. 미정이네 딸기, 민아네 단감, 재환이네 제사떡, 순혁이네 단술을 가져와 함께 먹고, 지난 봄에는 매화차를 만들어 함께 마셨고, 얼마 전 싸락눈이 내린 날엔 감잎차를 나눠 마셨습니다. 먹을 것만 나눠 먹는 게 아닙니다. 고나네 할머니가 돌아가신 거, 재기네 소가 아파서 주사 맞은 거, 아르미네 강아지 보리와 밀이가 새끼고양이 물어 죽인 거 이런 일들이 우리 모두의 일이 됩니다. 저도 우리 집에서 있었던 일을 낱낱이 이야기합니다. 미생물로 퇴비 만드는 거, 고추밭에 비닐 대신 짚을 깐 거, 우리 아이들이 다 압니다.' -엮은이의 말에서

처녀 농사꾼이자 아이들을 가르치는 선생님이 열한 명의 아이들과 함께 농촌에서 살아가는 이야기를 담은 글모음이다. 이 책을 보면 아이들이 농촌에 살면서, 자연에서 호흡하는 모든 생명체가 곧 세상의 주인이라는 사실을 몸으로 배워 가는 것을 알 수 있다. 땀 흘려 일하면서 땅 냄새, 똥 냄새, 사람 냄새와 친해지고 땅의 고마움, 바람의 고마움, 밥의 고마움을 터득해 가는 모습도 볼 수 있다. 몸으로 배우고 가르치는 교사와 열한 명 아이들의 정겨운 삶이 밀양 지방의 정겨운 사투리와 함께 드러난다.

**어린이 글모음, 더 읽어 보세요**
『엄마의 런닝구』
한국글쓰기연구회 엮음, 정승각 그림, 보리
『주먹만한 내 똥』 한국글쓰기연구회 엮음, 보리
『일하는 아이들』 이오덕 엮음, 보리

## 『칠칠단의 비밀』

방정환 글 / 김병하 그림 / 사계절

# 일제시대 탐정소설

방정환은 1899년에 태어나 31살에 생을 마감하기까지 그 대부분을 어린이 운동에 바쳤다. 그런 만큼 그의 이름 앞에는 어린이문화운동의 아버지, 아동문학의 개척자, 천부적인 이야기꾼, 영원한 어린이의 벗 등 여러 가지 수식어가 붙는다. 나는 여기에 탐정소설, 모험소설의 선구자라는 이름을 하나 덧붙이고 싶다.

이 책에 실린 「동생을 찾으러」와 「칠칠단의 비밀」 두 편은 1920년대에 잡지 〈어린이〉에 연재했던 작품으로 탐정소설의 명작으로 꼽힌다. 「동생을 찾으러」는 창호가 소년회원들의 도움을 받아, 하교길에 청국 사람에게 납치당한 동생 순희를 구하는 이야기이다.

「칠칠단의 비밀」 역시 비슷한 구성을 갖고 있는 탐정소설이다. 상호와 동생 순자는 어렸을 때부터 자신의 출신조차 모른 채 일본인 단장이 이끄는 곡마단에서 살아 왔다. 부모도 없고 태어난 곳이 어디인지도 모른 채 곡마단 단장의 지시에 따라 꼭두각시처럼 살아 온 것이다. 그러다 우연히 외삼촌을 만나서 그들이 친남매간이며 어렸을 때 유괴당했다는 사실을 알게 된다. 이 때부터 상호는 곡마단이 마약 밀매와 인신매매를 하는 비밀 범죄단체인 '칠칠단'이라는 사실을 밝혀 내고 일본인 곡마단 단장 일행과 쫓고 쫓기는 모험을 벌인다. 그리고 마침내 순자를 구해 내는 과정이 긴박감 있게 전개된다.

두 작품 모두 일제의 만행과 음모에 용감하게 맞서 싸우는 이야기로 불의에 대항하는 용기 있는 소년상을 제시한다.

이야기의 흐름은 처음부터 끝까지 긴박한 상황 속에 전개되고 등장인물들이 처한 상황과 심리도 흥미롭게 묘사되어 손에 땀을 쥐는 긴장감을 끌어 낸다. 위기를 맞았다가 해결하고 다시 위기를 맞는 상황이 반복되는 가운데 극적인 재미를 더해 가다가 마지막에 청국 사람들과 일본 사람들을 일망타진하고 동생을 구하는 장면은 나라를 빼앗긴 우리 나라 아이들에게 용기를 불러일으키기에 충분하다.

다소 개연성이 떨어지는 아쉬움이 남지만 어린이를 독립의 역군으로 키우고자 했던 방정환의 정신이 잘 드러난 작품이다.

> **방정환 관련 자료**
> 『만년샤쓰』 방정환 글, 김세현 그림, 길벗어린이
> 『노래 주머니』 방정환·마해송 외 글, 김중철 엮음, 이창훈 그림, 우리교육
> 『없는 이의 행복』 방정환 글, 민윤식 엮음, 오늘의책
> 이제까지 알려진 소파 방정환의 글 외에 새롭게 알려진 30여 편의 수필이 더 실려 있다.
> 『소파 방정환의 아동교육 운동과 사상』 안경식 글, 학지사
> 소파 방정환의 활동을 어린이 교육 운동과 어린이 교육 사상으로 나누어 그의 아동관, 문학관, 인생관, 교육관을 다루었다.

## 『5월의 노래』

이원수 글 / 김용덕 그림 / 창작과비평사

## 어린이는 겨레의 주인이다

장편 소년소설 『5월의 노래』는 이원수의 자전적 소설로 널리 알려져 있다. 이원수 선생님이 어린 시절에 겪은 일을 바탕으로 쓴 이 장편소설은 주인공 노마의 시점으로 일제강점기에 우리 겨레 아이들이 고통받으면서 민족의 주인으로 거듭나고자 하는 모습을 그리고 있다.

노마는 늘 가난하고 외로웠다. 동무가 없어 외롭고, 아버지가 목수로 일하는 주인집 아들에게 장난감을 빼앗기고 억울한 눈물을 흘리기도 한다. 가난한 한국인 노동자들은 죽도록 일하는데도, 들판에는 곡식이 익어 가는데도 늘 배가 고픈 현실이 슬펐다.

누나는 공장으로 일하러 가고, 어머니는 아파 누워 있고, 아버지는 일터에서 돌아오지 않는 가운데 외로움에 지쳐 있던 노마는 소년회 회원들을 만나 새로운 세상에 눈뜨게 된다. 학교에서 소년회 활동을 하던 중 우리말 탄압사건이 터지고, 소년회를 지도하는 박 선생님이 잡혀가는 위기가 벌어진다. 어린이 잡지를 빌려 준 영순이 누나에게 주려고 일본인 집 담장에 핀 장미꽃을 꺾다가 공기총을 맞기도 한다. 상호가 이 일을 소년회 신문에 실었다가 정학을 당하는 사건도 겪는다. 이런 사건은 일제의 한국인 탄압을 효과적으로 드러내면서 이야기의 극적 긴장감을 고조시킨다.

여기에 소년회 박 선생님과 소년회원 상호의 이야기는 일제의 한국 침략의 부당성을 끊임없이 각성시키면서 일제의 탄압에 대한 분노와 저항 정신을 북돋운다.

작가 이원수 선생님은 당시 아이들에게 일제 침략의 부당성을 알려 주고 아이들을 민족의 주인으로 세우기 위해 상호의 입을 빌어 말한다.

"우리말을 못 쓰게 하는 것이나 소년회에 못 나가게 하는 것이나 모두 우리가 조선 사람의 정신을 버리고 일본 국민이 되어 저희들에게 충성을 하라는 것이요, 조금도 우리 민족을 위하는 마음에서 그렇게 시키는 것이 아님은 우리들이 소년회에서 배워 이미 아는 일이 아닙니까?"

또 상호는 정학을 당한 후 말한다.

"우리는 지금 조선 사람들이 불행하다는 것을 알아야 한다는 말씀을 들었어. 우리들이 나기 전에 나라를 빼앗겼기 때문에 잘못하면 세상은 으레 이런 것이려니 생각하고 사는 수도 있대. 그렇지만 그것은 옳지 못한 일이라고 하셨어. 우리들의 불행을 반드시 알아야 하고 그 불행한 일을 비관하여 쓰러지지 말고 그 불행과 싸워 이겨야 한다고…… 그것이 곧 나라를 사랑하는 일이라고 하셨어."

우리 겨레 어린이들이 하나가 되어 자주독립의 꿈을 갖게 되기를 소망하는 이원수의 정신이 살아 있는 작품이다. 쉽고 편안한 문체, 등장인물의 뚜렷한 성격, 곳곳에 배치된 사건 들은 지속적으로 긴장감을 유발하면서 주제를 효과적으로 전달한다.

# 우리 아동문학의 산맥 이원수 선생님

 '나의 살던 고향은 꽃 피는 산골⋯⋯' 로 시작되는 「고향의 봄」은 우리 겨레가 애창하는 곡으로 동화작가 이원수 선생님이 노랫말을 썼다. 독일의 아동문학을 말할 때 그림형제를 떠올린다면 우리 아동문학의 중심에는 「고향의 봄」의 작가 이원수가 있다. 그는 15세가 되던 해 소파 방정환 선생님이 내던 잡지 〈어린이〉에 「고향의 봄」이 당선된 이후 타계할 때까지 70여 년 동안 동요·동시 290여 편, 동화 160여 편, 소년소설 50여 편, 아동극 20여 편, 수필 170여 편, 시 50여 편, 아동문학평론 90여 편 등 모두 860여 편의 작품을 남겼다. 이처럼 방대한 작품에는 왜곡된 아동관과 이념에 흔들리면서 어렵게 이어 온 우리 아동문학의 역사가 고스란히 담겨 있다.

이원수 선생님이 태어난 1911년부터 세상을 떠난 1981년까지 우리 나라에는 일제 식민지, 해방, 6·25 전쟁, 분단, 4·19 혁명, 5·16 군사쿠데타에 이르기까지 현대사의 굵직한 사건들이 연이어 일어났다. 그로 인해 우리 겨레가 겪어야 했던 물리적, 정신적 수난은 극심했는데 이원수도 예외일 수 없었다. 어린 시절에 겪은 일제 치하의 고난, 해방 공간의 혼란스러움, 사랑하는 자녀를 둘씩이나 잃어야 했던 청년 시절, 그리고 분단 현실을 겪어야 했던 노년에 이르기까지 그의 생애는 수난으로 얼룩져 있다. 그는 누구보다도 당대 사회의 흐름과 정치적인 변화를 민감하게 수용하면서 이러한 경험을 작품에 반영했다.

그는 우리 현대사의 한가운데서 어린이를 민족의 주인으로 세우고자 했다. 일제강점기하에서 민족의 주인으로서의 자존감을 심어 주는 『5월의 노래』(창작과비평사), 해방 후 자유민주국가의 건설을 소망하는 내용의 『숲 속 나라』(웅진닷컴), 부조리한 사회 속에서 자유와 사랑이 넘치는 정의로운 세상을 지향하는 『민들레의 노래』(사계절), 이념의 굴레에서 벗어나 남북 공존의 길을 모색하게 한 『메아리 소년』(창작과비평사), 통일 염원을 그려 보인 『호수 속의 오두막집』(햇빛출판사) 등은 이원수의 문학 정신이 돋보이는 작품들이다. 이처럼 이원수는 한국전쟁의 비극성과 통일염원, 민주주의, 자연사랑, 생명존중, 더불어 사는 삶, 정의추구 등 다양한 주제로 겨레와 아이들과 인간에 대한 폭넓은 사랑을 그려 보였다.

현실을 떠나 아름다운 환상만 그리는 작품들이 난무할 때도 그는 늘 아이들의 현실과 사회 현실에 주목하고 아이들 곁을 떠나지 않으면서 아동문학을 민족의 문학으로 끌어올린 것이다. 현실적 체험에서 우러나온 그의 작품은 한국적인 토양에서 건져 올린 귀중한 자산이다. 소재, 기법, 주제의 다양성은 아이들이 현실을 보는 눈을 키우고, 이야기 세계의 즐거움을 느끼며, 폭넓은 세계관을 키우는 데 더없는 민족의 교과서가 되고 있다. 무엇보다도 높이 평가되어야 할 이원수의 공로는 『아동문학 입문』(한길사)으로 아동문학인들이 과제로 삼고 있던 아동문학 이론을 정립한 것이다.

1981년 1월 24일 구강암으로 세상을 떠난 이후 한국 아동문학은 새로운 국면을 맞이하고 있지만 그는 여전히 흔들림 없는 우리 아동문학의 산맥으로서의 위상을 잃지 않는다. 그런데 이 글이 마무리될 즈음 이원수 선생님의 친일작품이 알려져 안타까움을 자아냈다. '이원수 선생님의 행적과 작품을 다시 평가할 것인가?'라는 새로운 화두가 떠올랐지만 그것은 다른 자리에서 다루어야 할 과제로 남겨두기로 한다.

### 〈고향의 봄 도서관〉 이야기

2003년에는 이원수의 정신을 두루 살필 수 있는 도서관이 건립되어 이원수 문학의 의미를 되새기게 한다. 마산에 건립된 〈고향의 봄 도서관〉이 그것이다. 여기에는 이원수 선생님이 생전에 남긴 작품, 관계했던 잡지, 지인들과 함께 생전의 모습을 담은 사진 자료 등을 볼 수 있다. 마산 〈이원수 기념 사업회〉에서는 수시로 이원수 문학 기행을 실시하고 있다. 뜻있는 이들은 마산 어린이 서점 〈굴렁쇠〉(055-232-7414)로 연락하면 도움을 받을 수 있다.

『몽실 언니』

권정생 글 / 이철수 그림 / 창작과비평사

전쟁 중에 피어난
아름다운 꽃

『몽실 언니』는 우리 나라 사람이면 누구라도 눈물을 흘리면서 읽게 되는 책이다. 20년 가까이 아이와 어른 모두에게 숱한 감동을 주면서 아동문학의 고전으로 자리잡은 이 책은 수난의 한국 현대사를 생생히 인식하게 하는 역사교과서이기도 하다.

일곱 살밖에 안 된 몽실은 개가한 어머니 밑에서 살다가 의붓아버지의 극심한 구박으로 절름발이가 된다. 고향 노루실로 돌아와 친아버지, 새엄마와 잠시나마 정을 붙이며 살지만 새엄마는 난남이를 낳고 세상을 떠난다. 아버지는 징집을 나가고 몽실은 전쟁을 겪으면서 난남이를 키운다. 그러던 중 아버지가 병을 얻어 돌아오자 몽실은 아버지 병을 고쳐 보려고 노력하지만 결국 아버지는 세상을 떠난다. 혼자가 된 몽실은 거지가 되었다가 식모살이를 하는 등 세상의 온갖 불행을 겪으며 어른이 되고 꼽추 남편과 결혼해 살아가는 모습으로 끝을 맺는다.

몽실은 탁류처럼 밀려오는 온갖 수난을 몸으로 겪어 내면서도 누구도 원망하지 않는다. 몽실은 모든 사람이 이념을 떠나 오직 사람으로만 만난다면 세상에 나쁜 사람은 없다고 믿는다. 이런 몽실에게 다가온 고통은 한반도의 총체적인 비극을 대변한다. 작가는 그 모든 비극을 극복하는 방편은 모두가 사람으로 만나 착한 마음으로 살아가는 것이라고 이야기한다.

『몽실 언니』는 1984년 4월 처음 출간되었고 1990년 개정판을 냈다. 그리고 2000년 1월까지 개정1판 42쇄를 펴내는 동안 필름이 너무 낡아 더 이상 인쇄를 할 수 없을 지경에 이르러 2000년 4월에 개정2판을 내게 되었다. 개정2판에서는 본문과 표지 모두가 새로워졌다. 권정생 선생은 개정2판에 새롭게 쓴 머리말 '몽실 언니, 그 못다한 이야기'에서 순탄치 않았던 『몽실 언니』의 비화를 밝힌다. 『몽실 언니』는 1981년 〈새가정〉이라고 하는 교회 여성 잡지에 연재하던 중 잡지사 측이 당국의 압력을 받아 연재가 중단된다. 9회와 10회에 인민군이 나오는 대목에서 문제가 되었던 것이다. 이후 연재가 재개되면서 일부 내용이 잘려 나간 채 실리게 되었다는데 잘려 나간 내용은 인민군 청년 박동식이 몽실이를 찾아와 통일이 되면 서로 편지를 하자고 주소를 적어 주는 장면이라고 한다.

군사 정권 아래 이데올로기가 강요되던 당시에 인민군을 '적'이나 '살인마'로 묘사하지 않고 우리와 똑같은 한 핏줄로 묘사하는 것은 감히 아무도 할 수 없는 일이었기 때문이다. 이후 잘려 나간 부분으로 인해 일부 내용이 빠질 수밖에 없었고 원고지 1천 장 분량의 예정이 700장으로 마무리되었다고 한다.

재일 번역가인 변기자 씨가 번역으로 일본 테라인꾸 출판사에서 발간되기도 하였다.

# 『버들붕어 하킴』

박윤규 글 / 한병호 그림 / 현암사

## 외래종과 싸우는 우리 민물고기 이야기

　우리 나라 수질 오염 상태는 심각한 지경에 이른 지 오래 되었다. 그 때문에 강에서 살아가는 숱한 생명체들의 생존 싸움이 치열하게 전개되는데 우리 나라 토종 민물고기인 버들붕어 '하킴'도 그 중 하나이다. 하킴은 여울과 늪이 어우러져 토종 민물고기들의 고향이 된 '숨은하늘'을 지킨다는 뜻을 갖고 있다. 하킴은 숨은하늘에서 암버들붕어인 '비로용담'과 짝을 지어 새끼를 낳아 기르면

서 평화롭게 살아가기를 소망한다. 그러나 숨은하늘은 큰 위기를 만나는데 그것은 사람들이 오염에 강하다고 함부로 풀어 놓은 외국 물고기들 때문이다.

　우리 강과 호수에 사는 떡붕어, 찬넬매기, 무지개송어, 베스와 불루길 같은 외래종 물고기들은 우리 토종 민물고기들을 마구 잡아먹어 멸종위기로 몰아가는 주범이다. 『버들붕어 하킴』에는 우리 물고기들이 삶의 터전을 지키기 위해

이들 외래종 물고기와 목숨 걸고 싸우는 모습이 긴박하게 그려진다.

그런데 이런 외래종 물고기보다 우리 물고기들의 평화로운 삶을 더욱 망가뜨리는 존재는 사람들입니다. 사람들은 오염에 강하다는 이유만으로 강과 호수에 외래종 물고기를 풀어 놓는다. 산을 허물고 나무를 베어 내어 사격장을 만들거나 골프장을 만들고 폐수를 흘려 보내 강을 오염시킨다. 강과 바다의 생태계 질서가 오염되면 곧바로 사람이 피해를 입는다는 걸 생각하면 생태계의 질서를 회복해야 한다는 사실이 절박하게 다가온다. 그리고 우리 물고기들이 처한 위기를 느낄 수 있다. 이처럼 위기 의식이 고조되는 가운데서도 물고기들이 살아갈 터전을 보호하고 인류의 생명선을 지키기 위해 골프장 건설을 반대하는 주민들이 한 가닥 희망을 갖게 한다.

암버들붕어 비로용담과 하킴의 아름다운 사랑, 토종 민물고기들이 서로 의사소통을 하는 여러 가지 몸짓, 그들만의 사랑을 키워 가는 모습은 이 땅에 뿌리를 대고 살아가는 수많은 생명체들의 아름다움을 느끼게 한다. 또 외래종 물고기와 싸우는 버들붕어 하킴과 우리 물고기들의 모습은 강 속 생명체들의 터전을 보호해야 한다는 문제의식을 갖게 한다. 긴장감 있게 진행되는 이야기를 통해 나타나는 각종 물고기의 생태적 특징과 토종 민물고기들의 컬러 화보도 눈길을 끈다. 부록으로 실린 민물고기에 대한 다양한 자료는 우리 나라 자연 환경과 민물고기에 대한 기초 지식을 얻는 데 큰 도움을 준다.

5학년

더 읽어보세요

『춤추는 물고기』 김익수 글, 다른세상

『물고기 박사 최기철 이야기』
이상권 글, 박병국 그림, 우리교육

『우리 물고기 기르기』
최기철 글, 이원규 사진, 현암사

# 『상계동 아이들』

노경실 글 / 심은숙 그림 / 시공주니어

## 그늘 속에 피어난 희망의 꽃

『몽실 언니』의 작가 권정생 선생님은 독자들로부터 '이제 어두운 이야기는 그만 쓰고 밝은 이야기 좀 쓰라'는 주문을 받는다고 한다. 아이들에게 밝고 아름다운 이야기만을 들려 주어야 한다고 생각하는 사람들로서는 그럴 수도 있다. 그러나 세상이 어디 그렇게 밝기만 한가. 아이들이 사는 세상도 어른들 세상과 마찬가지로 밝기도 하고 어둡기도 하다. 그러니 밝음을 온전히 이해하기 위해서는 어둠을 올바르게 아는 것이 필요하다.

『상계동 아이들』은 어둡다. 상계동에 지금처럼 고층 아파트가 들어서기 훨씬 전부터 '밝고 아름다운 세상'에서 밀려난 사람들이 모여서 어둡고 칙칙하게 살아가고 있기 때문이다. 그들은 절대 가난 속에서 배운 것 없고, 가진 것 없이 세상과 온몸으로 부딪치며 살아간다. 비린내 나는 생선 장수도 마다할 수 없고, 앞을 보지 못하니 구걸이라도 해야 한다. 남들에게 손가락질을 받는 무당일도 마다할 수 없다. 어쨌거나 살아야 하니 죽기 살기로 무엇이든 해야 한다. 그래도 가난의 굴레를 쉽게 벗어날 수가 없다. 그렇게 살다 보니 아이들을 제대로 돌볼 수가 없다. 그러니 아이들은 아이들대로 문제투성이다. 학교도 가지 않고 어울려 담배를 피워 대는가 하면 싸우고 경찰서에 드나들기도 예사로 한다. 아이들이 이렇게 모나게 자라는 것은 그들 부모가 못나서인가. 깐돌이 엄마가 무당이 되고 윤아 엄마가 고단한 생선 장수를 하는 것은 모두 그들의 잘못 때

문인가. 작가는 이 곳 상계동 사람들의 그늘은 어둠을 싫어하는 밝은 사회가 만들어 낸 모순임을 느끼게 한다. 그러니 그들의 어둠을 우리 모두가 끌어안고 함께 극복해야 한다는 것이다.

그러나 상계동 사람들은 아무런 불평도 하지 않는다. 그들끼리 서로 감싸면서 희망의 싹을 키워 내고자 한다. 세상에 둘도 없는 구두쇠 종칠이 할머니는 정박아 형일이의 병원비를 내겠다고 나서고, 병원 한 번 가지 못하고 세상을 떠난 기옥 엄마를 도운 것도 동네 사람들이다. 동네 걱정 덩어리였던 광철이가 키워 가는 만화가의 꿈이나 윤아의 착한 마음처럼 그늘 속에 싹트고 있는 이런 희망의 빛이야말로 어떤 사회 모순도 극복해 낼 수 있는 가장 큰 힘이다.

부족한 것 모르고 자라는 아이들에게 상계동 이야기는 먼 나라 이야기처럼 들릴지 모른다. 하지만 우리가 누리는 풍족함의 이면에는 지금 이 순간에도 가난과 싸우며 따뜻한 사랑에 목말라하는 '상계동 아이들' 같은 이들이 있으며, 그들도 우리와 함께 더불어 살아가야 할 이웃이라는 사실을 일깨운다.

### 더 읽어 보세요

노경실은 상계동에 살면서 이 동화를 썼다. 그 후 그의 시선은 늘 가난하고 소외받는 아이들을 떠나지 못한다. 아마도 그들이 가슴에 품고 있는 따뜻함을 보았기 때문일 것이다. 그가 쓴 다른 동화 **『복실이네 가족사진』**(산하), **『심학산 아이들』**(사계절) 들도 더 찾아서 읽으면서 우리 안에 있는 따뜻함을 끌어 내자.

『인권 변호사 조영래』

박상률 글 / 한병호 그림 / 사계절

# 행동하는 지식인상을 보여 준 변호사

인물전에는 대개 '너도 이처럼 훌륭한 사람이 되어라' 하는 무언의 기대가 들어 있다. 그 훌륭함의 이면에는 돈과 명예가 차지하는 비중이 적지 않다. 그렇게 생각할 때 조영래가 '훌륭한' 인물의 범주에 들어가기란 쉽지 않겠다. 그는 내로라하는 학벌과 변호사라는 직함을 갖고 있었기 때문에 마음만 먹으면 부와 명예를 누릴 수 있는 조건을 충분히 갖추고 있었다. 하지만 그는 스스로 힘없고 가난한 사람들의 입과 귀가 되어 험한 가시밭길을 걸어갔다.

그는 사람이 사람다운 대접을 받는 세상을 소망했다. 그 꿈을 실현하기 위해서 부당한 현실과 싸우다가 감옥에도 가고 쫓기는 몸이 되기도 했다. 그러다가 전태일을 만난다. 전태일은 1970년대에 청계천 피복 노동자로 하루 15시간 이상을 저임금에 혹사당하면서 부당한 노동 현실에 눈뜨고 그것을 고발하기 위해 자신의 몸을 불사른 청년 노동자였다. 조영래는 전태일과의 만남으로 막연하게 생각하던 노동자들의 권리와 이익을 찾아 주어야 할 당위성에 눈뜬다. 그리고 도피 생활 중 전태일의 삶을 되살린 『전태일 평전』(돌베개)을 펴내는 한편 1980년 유신체제가 무너지면서 자유로운 몸이 되자 시민공익법률상담소를 열어 힘없는 사람들의 권익을 찾는 일에 앞장선다.

1984년 서울 '망원동 수재 사건', 세상을 떠들썩하게 했던 '부천서 성고문 사건', '대우어패럴 사건' 등은 그를 인권 변호사로서 명성을 날리게 한다. 조

영래는 여성 문제, 소비
자 문제, 복지 문제, 환경
문제, 빈민 문제 등에 힘
쓰면서 이 땅에 민주화
가 실현되기를 소망했다.
격동의 한 시대를 치열
하게 살면서 사회의 환
부를 찾아 치유하는 지
식인의 사명을 다한 조
영래의 삶은 '훌륭함'의
의미를 새롭게 인식하게
한다.

**5**학년

### 인물전, 이렇게 읽으세요

한 인물의 생애를 읽는다는 것은 한 시대의 역사를 읽는 일이기도 하다. 대부분의 인물전은 인물의 생애와
더불어 인물의 업적과 됨됨이를 다룬다. 인물전으로 그려지는 주인공은 대개 각고의 노력 끝에 훌륭한 인
물로 인정을 받게 된다. 그러나 인물의 탄생은 그 사회와 역사의 산물이기도 하다. 우리 역사가 평탄했다면
김 구 같은 인물이 나올 수 없었을 것이다. 우리 나라가 경제적으로 부유한 나라였다면 꽃동네의 창시자인
최귀동 할아버지가 나올 수 없었을 것이다. 그러므로 인물전을 읽을 때는 그 인물이 살았던 시대가 어떠했
는지 살펴보아야 한다.

우리 나라 인물전에 등장하는 인물은 지나치게 미화되어 있는 경우가 많다. 태어날 때부터 특별한 인물로
묘사되었거나 업적이 너무 미화된 것은 아이들에게 열등의식을 심어 줄 수 있으니 경계해야 할 것이다. 예
전에는 왕이나 장군 등이 인물전의 주류를 이루었지만 오늘날에는 인물전의 상이 달라야 할 것이다. 각 분
야에서 최선을 다한 사람들의 생애를 다루어 아이들이 쉽게 받아들일 수 있도록 해야 한다.

그림에서 인물의 복장이 시대에 맞지 않는다면 인물전에 대한 신뢰를 떨어뜨리게 된다. 또 쉽고 친절한 문
장은 모든 어린이 책이 갖추어야 할 기본 조건이다. 쉽게 읽히지 않는 부담스러운 문장이라면 좋은 어린이
책으로서는 부적격이다. 부실한 내용을 감추기 위해 장난스런 그림이나 원색을 쓰는 일이 많으니 화려한
책일수록 경계함이 마땅하다.

## 『마당을 나온 암탉』

황선미 글 / 김환영 그림 / 사계절

# 자유롭게 살기를
# 소망했던 잎싹 이야기

이 책이 나오고 얼마 뒤에 실시한 독후감 공모 행사에서 심사를 맡은 적이 있다. 행사에는 서울에서 제주까지 전국 방방곡곡의 초등 학생부터 군인 아저씨, 산골 아낙네, 그리고 70대 할머니까지

다양한 사람들이 글을 보내 왔다. 그들은 이 책을 읽고 나니 지금까지 안락한 삶에 안주하고 살아 온 것이 부끄럽다고 했다. 그리고 이제부터라도 좀더 의미 있게, 좀더 당당하게 살아야겠다고

했다. 『마당을 나온 암탉』은 이렇게 전국의 아이들과 어머니들에게 자신의 삶을 성찰하는 계기를 만들어 주었다.

아카시아나무 잎사귀처럼 뭔가를 하고 싶어서 스스로 '잎싹'이라는 이름을 지은 암탉은 닭장 안에 갇혀서 알만 낳다 죽긴 싫었다. 알을 품어서 어미가 되어 보고 싶었다. 자유롭게 살고 싶었다. 그래서 어찌어찌하여 마당으로 나온다. 그러나 거기에는 마당의 주인들이 따로 있었다. 잎싹은 그들에게 이리저리 쫓기고 따돌림을 당하다가 시기와 질투와 이기와 냉담함밖에 없는 마당을 떠난다. 그리고 잎싹은 한쪽 날개를 다치고도 최선을 다해 살아가는 나그네 청둥오리와 깊은 우정을 나눈다. 잎싹은 족제비의 먹이가 된 나그네 청둥오리의 알을

품어 '초록머리'를 얻는다. 드디어 그렇게도 바라던 '어미'가 된 것이다. 잎싹은 종족이 다른 초록머리에게 절대적 사랑을 퍼붓는다. 하지만 초록머리는 점점 자라면서 잎싹보다 자기 종족에게 향하는 마음을 어쩌지 못한다. 자연히 잎싹과 거리를 두게 되고 그로 인해 잎싹은 처절한 외로움과 맞닥뜨린다. 결국 초록머리는 자신의 무리에게 돌아간다. 그리고 잎싹은 자신을 끈질기게 노리던 족제비에게 한 끼 식사로 자신의 목숨을 내어 준다.

아이들은 이 책에서 자신의 삶의 주인으로서 당당하게 살아가는 잎싹을 만날 수 있다. 잎싹이 보여 주는 초록머리에 대한 지극한 사랑은 종족을 초월하여 더불어 사는 삶의 아름다움을 느끼게 한다. 또한 나는 누구인가, 나는 어떻게 살 것인가, 어떻게 사는 것이 의미 있는 삶인가를 돌아보는 계기를 마련해 준다.

한편 이 책은 어린이 책 그림이 글을 보완하는 부수적인 '삽화'라는 한계에서 벗어나 글과 대등한 관계로 서는 데 성공한 책이기도 하다. 삐쩍 마른데다 털이 숭숭 빠진 잎싹은 장면이 바뀔 때마다 서늘하고, 외롭고, 차갑고, 따뜻한 느낌을 온전하게 전하면서 독자적인 캐릭터로 인정받는 데 성공한다.

# 『나비를 잡는 아버지』

현덕 글 / 김환영 그림 / 길벗어린이

# 사람이 중하냐,
# 신분이 중하냐

사람들은 대체로 그림책이 유아나 저학년이 보는 책이라는 생각을 갖고 있다. 고학년 아이들에게도 충분한 즐거움을 맛보게 하는데도 말이다.

마름집 아들 경환이와 소작인의 아들 바우는 함께 보통 학교를 다니다 경환이만 서울로 유학을 간다. 집에서 소나 뜯기는 바우는 나날이 발전하는 경환이를 생각하며 부러움과 질투를 느낀다. 경환이가 방학을 맞아 시골로 내려와 아이들을 몰고 다니는 꼴을 보니 더욱 비위가 뒤틀린다. 바우가 잡은 나비를 경환이가 달라고 하자 바우는 그대로 날려 보낸다. 그러자 경환이는 나비 표본 숙제를 한다며 바우네 일 년 식량이 달려 있는 참외밭을 결딴낸다. 눈이 뒤집힌 바우는 '나비가 중하냐, 사람 사는

일이 중하냐'며 경환이와 한바탕 싸움을 벌인다. 이 일로 경환네 집에서는 나비를 잡아다 사과하지 않으면 땅을 떼겠다고 하고, 아버지는 바우를 책망하면서 어서 나비를 잡아 오라고 야단이다.

바우는 아들의 자존심이나 체면 따위는 생각지도 않는 아버지가 야속하다. 뒷산에서 마음을 달래고 내려오던 바우는 건너편 모밀밭 두덩에서 어떤 사람이 무엇을 쫓는 모양으로 움직이는 모습을 본다. 처음에는 경환이인 줄 알고 비웃음을 짓지만 곧 나비를 잡는 사람이 아버지라는 사실을 알고는 놀라 어쩔 줄을 모른다.

바우 아버지가 식구들의 목숨줄이 달려 있는 땅을 떼일 수 없어 아들을 대신하여 성치 못한 다리를 절뚝이며 나

비를 잡는 모습은 사회 모순이 빚어 낸 농민의 아픔을 극명하게 드러낸다.

가냘픈 몸매에 모자를 삐딱하게 쓰고 심술궂게 묘사된 경환이는 아비의 위세를 업고 바우를 무시하는 얄미운 인물의 이미지를 효과적으로 드러낸다. 짙은 송충이 눈썹, 부리부리한 눈매에 넙죽한 얼굴, 둥둥 걷어올린 바지에 고무신을 신은 바우와 투박한 손과 발을 하고 농립을 쓴 아버지와 어머니에게서는 가난한 농민을 읽게 된다.

여기에 송아지가 풀을 뜯는 벌판, 한참 무르익은 참외밭, 아득하게 펼쳐지는 넓은 메밀밭 따위의 그림은 품격 있는 그림책이 주는 감동을 끌어낸다.

**김환영**

우리 나라에서 내로라하는 일러스트레이터인 그는 한국형 애니메이션을 꿈꾸는 '오돌또기' 기획에 참여하여 몇 년을 열에 들떠 살았다. 그림책 판으로 돌아온 후 한동안 술과 동무에 취해 풍류를 즐기는 듯했다. 그러다 사고를 쳤다. 『마당을 나온 암탉』(사계절)으로 우리 어린이 책 그림의 새로운 장을 연 것이다. 여백을 채우는 수단으로나 인식되어 오던 삽화를 당당히 독자성을 가진 그림으로 격상시킨 후 그는 어린이 책 출판의 중심에 단단히 자리를 잡았다. 이어서 내놓은 그림책 『나비를 잡는 아버지』는 고학년 아이들을 독자로 끌어들일 만큼 강한 흡인력으로 어린이 출판 미술의 가능성을 확인시켰다. 늘 부지런히 붓을 움직이는 그는 요즘 어린이와 관련된 모든 일에 마음을 빼앗긴 채 가평의 한적한 시골집에서 글과 그림을 함께 쓰고 그리는 작가로 거듭나기 위해서 바람, 풀, 꽃, 나무, 나비 들과 연애 중이다. 한국 어린이 출판계는 그가 있어 든든하다.

# 고학년 아이들을 위한 그림책

대개의 경우 고학년이 되면 성급하게 청소년기를 준비한다. 그래서 좀더 글자가 많고 어려운 책을 읽히려는 경향이 있다. 그 때문에 고학년 아이들이 그림책 읽는 즐거움을 놓치는 것은 여간 아쉬운 일이 아니다. 그림책은 아기부터 여든 살 노인까지 즐길 수 있는 책이다. 주변에서 그림책을 좋아하는 어른들을 어렵지 않게 보는데 그들이 그림책을 읽는 이유는 아이들을 위해서이기도 하지만 자신의 즐거움을 위해서라고도 한다.

물론 그림책의 상당 부분은 유아들을 염두에 두고 만들어진다. 하지만 깨어 있는 부모들은 그림책이 줄 수 있는 다양한 즐거움을 놓치지 않는다. 어떤 대상이나 상황을 이야기할 때 글로도 말로도 설명이 안 되는 경우가 참 많다. 그 중에서 어떤 것은 그림으로 표현하여 명료한 인식을 끌어내기도 하는데, 그것이 바로 그림책 읽기의 즐거움이다.

그림책은 그림 자체만으로도 즐거움을 준다. 그림책 『만년샤쓰』(길벗어린이)는 가난 속에서도 유머와 웃음을 잃지 않는 주인공이 자기보다 더 어려운 이웃을 도우며 씩씩하게 살아간 이야기를 담고 있다. 주인공 창남이가 한겨울에 속옷을 입지 못하고 맨몸을 드러냈을 때 글로 읽고 마음 속으로 그려 보는 것보다 그림으로 보는 것이 더욱 명료한 인상으로 남는다. 그것은 대상에 대한 이해의 차원을 넘어 좀더 깊숙한 인간의 내면까지 들어가게 하는 것이다.

『아씨방 일곱 동무』(비룡소)는 한국적인 정서를 듬뿍 담은 우리 그림책이다. 인물들의 표정, 그림의 색깔, 선 그리고 그 안에 담긴 이야기는 모두 우리 겨레의 숨결 속에 녹아 있는 우리만의 것이다. 여자들이 바느질할 때 쓰는 일곱 가지 도구인 바늘, 자, 가위, 인두, 다리미, 실, 골무를 의인화한 옛 수필을 간결한 이야기로 고쳐 썼다. 바느질을 하는 데 자기가 없으면 안 된다며 일곱 동무가 서로 뽐내며 쟁론을 벌이는 장면이 흥미롭다. 결국 모두가 하나라도 없으면 아무것도 할 수 없는 소중한 존재임을 깨닫는다는 이야기이다. 일곱 동무의 쟁론에서 자신을 돌아보게 하고 우리의 정서를 풍부하게 느끼도록 한다.

『히어와서의 노래』(보림)는 인디언의 전설을 노래한 롱펠로의 서사시를 서정적인 느낌으로 묘사한 그림책이다. 서사시가 풍부한 색감과 정교한 선으로 된 그림을 만나 자연의 움직임과 소리와 빛깔을 아름답게 살려 낸다.

『행복한 청소부』(풀빛)는 예술가의 거리를 쓸고 닦던 청소부가 어떤 계기로 작가와 음악가에 대해 열심히 공부하여 풍부한 예술 세계를 알게 된다는 내용의 그림책이다. 직업이나 사람의 겉모습에 대해 갖는 편견을 극복하게 하는 이 그림책은 청소부가 음악과 미술을 공부하면서 드러나는 마음의 움직임을 얼마나 멋지게 표현하는지 모른다. 훌륭한 그림책이 갖는 매력을 한껏 발산하는 그림책이다.

『고래들의 노래』(비룡소)에서는 드넓은 바다를 바라보며 할머니가 손녀에게 들려 주는 바다와 고래들의 노래 이야기가 신비롭게 펼쳐진다. 바다, 할머니, 고래, 손녀가 어우러지는 아름다운 이야기와 그림은 멋진 화음을 이루는 음악과도 같다.

『시애틀 추장』(한마당)은 자연을 함부로 하는 백인들에게 보내는 경고의 메시지가 담긴 시애틀 추장의 명연설을 아름다운 그림책으로 살려 냈다. 인간과 더불어 살아가야 할 자연, 그 안에 숨쉬고 있는 온갖 생명들에 대한 시애틀 추장의 명연설을 아름다운 그림과 함께 감상할 수 있다.

『토끼의 결혼식』(시공주니어)은 미국에서 사랑하는 사람들이 선물로 주고받는 책으로 인기가 있다는 해설을 덧붙이고 있다. 내용을 보면 그럴 수도 있겠다는 생각이 든다. 검은 토끼가 흰토끼에게 사랑의 마음을 품고 그것을 확인하는 과정, 달빛어린 동산에서 동산 가족들의 넘치는 축복 속에 결혼식을 올리는 과정에서 토끼들의 섬세한 감정의 변화를 고스란히 살려 낸 표정들을 보면 결코 그림책이 유아만의 것은 아님을 확인할 수 있다. 고학년 아이들에게 그림책의 즐거움을 누리게 하는 것은 책읽기의 즐거움을 배가시키는 일이다.

『늙은 자동차』

귀도 스타스 글 / 김홍래 옮김 / 서광사

# 늙어 가는 것들의 아름다움

이 책에 등장하는 '늙은 자동차', '녹슨 양철 굴뚝', '성당 한 구석에 놓여 있는 동상' 등 젊은이들의 자리에서 비켜난 사물들은 노인들의 삶을 친근하게 그려 보인다.

「늙은 자동차」에 등장하는 늙은 자동차 는 아직은 무언가 할 수 있다는 생각을 놓지 않고 길 건너편의 외로운 노인을 돕고 싶어한다. 그 순간 더 이상 달릴 것 같지 않던 자동차가 움직이기 시작한다. 그리고 박물관에 놓여 새로운 삶을 시작하기까지의 과정들이 그려진다. 「늙은 예인선」과 「할아버지 굴뚝」에 등장하는 예인선과 양철 굴뚝은 젊은이들의 비웃음을 따뜻하고 넓은 사랑으로 감싸면서 끝까지 자기의 몫을 다하는 사회적 존재로서의 노인을 보게 한다.

걸핏하면 폭력을 휘두르는 부모를 둔 외롭고 불행한 치칠로가 성당에 있는 동상 아저씨와 친구가 되면서 놀랍게 따뜻한 아이로 변화해 가는 모습도 감동적이다.

'누군가 다른 사람을 진심으로 도와주려고 한다면 무슨 일이든 할 수 있게 되는 것이랍니다.', '내 몸이 누구에겐가 봉사하고 있는 동안 난 죽지 않는다.'와 같은 문장들이 다소 진부하게 느껴지기도 하지만 이 책은 노인도 사회의 한 구성원임을 인식하게 한다. 젊은이들이 갖지 못한 넉넉함과 수많은 인생 경험으로 얻어진 풍부한 지혜를 간직한 노인들의 자리를 돋보이게 한다. '사랑은 사람을 변화시키는 가장 큰 힘'이라는 사실을 깨닫게 한다.

# 『평화는 어디에서 오나요』

구드룬 파우제방 글 / 김중철 엮음 / 신홍민 옮김 / 웅진닷컴

## 우리 가까이에 있는 평화

전쟁을 겪지 않은 아이들에게는 '평화'가 다소 추상적인 개념으로 다가올 수 있다. 그러나 좀더 생각을 좁혀 보면 우리 일상에서도 평화에 대해 생각해 볼 수 있는 이야깃거리를 많이 발견하게 된다.

단편동화 「순간 사진」에서처럼 동무가 꾸벅꾸벅 졸고 있는 모습, 콧구멍을 후비는 모습 등 남의 약점을 사진으로 찍어 괴롭히는 일이 그렇다. 「기가 막힌 생각」에 나오는 아이들처럼 학교를 어지럽히는 데 신바람이 나고, 선생님을 골탕먹이는 데 재미를 붙이고, 만나기만 하면 뒤죽박죽 엉켜 싸움판을 벌이는 일에 대해서도 생각해 볼 수 있다.

이런 혼란스러움을 극복하고 평화의 길로 나아가는 것 역시 처음에는 작은 일에서 시작된다. 생일파티에 쓰려고 준비한 돈과 물품을 굶주리는 인도 아이들을 위해 내놓는 디룩이나, 먼 나라에서 전쟁이나 가뭄 때문에 굶주리는 아이들을 위해 저금통을 털고, 갖고 싶은 물건을 사려고 모았던 돈을 내놓는 가족들처럼 조금씩만 욕심을 버리고 어려운 사람들을 생각해 본다면 평화에 한 걸음 더 다가갈 수 있을 것이다. 우화형식의 「국경을 없애자」에서는 잔디나라와 숲나라 왕들처럼 조금씩만 양보하면 거기 바로 평화가 있음을 보여 준다.

피부색과 종족과 나라, 그 밖의 모든 조건을 떠나서 한 사람 한 사람을 존중하고 소중히 여기는 바로 그 자리에 평화가 찾아온다는 사실을 인식하게 된다.

『할아버지 요강』

임길택 글 / 이태수 그림 / 보리

풀처럼 살아가는
아이들

연두색 표지 한가운데에 빛바랜 사진 같은 그림이 있다. 어린아이가 시골 사랑방 문을 여는 모습과 함께 문가에 놓인 요강이 심드렁한 마음을 불러일으킨다. 그러나 책장을 넘기면 거기에는 들꽃처럼 소박하게 살았던 교사 임길택의 아이들 사랑, 자연 사랑, 생명 사랑이 오롯이 살아난다.

가난하지만 소박함과 따뜻함을 잃지 않고 살아가는 농촌 사람들의 모습이 잔잔한 울림을 주며 다가온다. 『할아버지 요강』을 보면 시인이 찾고자 하는 것이 무엇인지 알 수 있다. 시인의 시선은 보통 사람들이 하찮게 여기는 곳곳에 가 있다. 사람도 자연도 그 속에 숨쉬는 조그만 벌레 한 마리까지도 한데 어우러져 욕심 내지 않고 살아가는 세

상을 보여 주려는 것이다.

「흔들리는 마음」에서는 한 손으로 매를 들고 또 한 손으로는 보듬어 안는 부모의 속 깊은 자식 사랑이 느껴진다. 「새앙쥐」에서는 제 몸 하나 갈무리하기도 바쁜 세상이지만 추위에 떠는 생쥐조차 그냥 지나치지 못하고 부뚜막에 있는 온기라도 나누어야만 하는 따뜻함을 읽을 수 있다. 「우리 엄마」는 밭둑에 피어나는 꽃으로 향하는 마음과 달리 무심하게 밭만 매는 엄마를 이해할 수 없는 아이의 마음을 손에 잡힐 듯 그려낸다. 그 밖에도 누덕누덕 기운 옷을 입고도 부지런히 일하는 아버지를 자랑스레 여기는 아이 마음을 그린 「아버지 일옷」, 힘겨운 집안일에 지쳐 하늘을 바라보다 잠이 들기도 한다는 아이를 노

래한 「유순이」 등이 있다.

이 책에는 들판의 나무, 길가에 아무렇게나 핀 꽃 한 송이도 함부로 대하지 않는 따뜻한 마음을 지닌 아이들이 있다. 그들은 들에 핀 꽃들, 조그만 생명들도 하찮다 여기지 않고 모두 보듬어 함께 살아가고자 한다. 때로는 고달프기도 하지만 서로서로 바라보아 주는 동무들이 있어서, 품 넓은 자연이 있어서, 꿋꿋하게 살아가는 아이들의 모습이 살가운 여운으로 남는다.

**동시집, 더 읽어 보세요**

**「꽃을 먹는 토끼」**
김녹촌 글, 송심이 그림, 창작과비평사

**「고구마 순 놓기」**
이주영 엮음, 한병호 그림, 우리교육

**「도토리나무가 부르는 슬픈 노래」**
권오삼 글, 이준섭 그림, 창작과비평사

**「김치를 싫어하는 아이들아」**
김은영 글, 김상섭 그림, 창작과비평사

**동시 맛보기, 이렇게 하세요**
① 좋은 동시는 마음에 울림이 있다.
② 좋은 동시는 '아, 그렇구나' 하는 깨달음을 준다.
③ 좋은 동시는 상상하게 한다.
④ 좋은 동시는 뿌듯하거나 기쁜 느낌을 준다.
⑤ 좋은 동시는 이해하기 쉽다.
⑥ 좋은 동시는 우리 둘레의 삶과 자연과 세상에 대한 이해를 넓혀 준다.

**5**학년

# 풀꽃처럼 살다 간 동화작가 임길택

임길택은 교사이면서 동화작가이자 동시인이었다. 1952년 전남 무안에서 태어나 목포교육대학교를 졸업한 후 강원도 정선군 탄광 마을에서 교사 생활을 시작한 이래 1997년 세상을 떠날 때까지 잠시도 아이들 곁을 떠나지 않았다. 내가 아는 한 그는 스스로 문학을 한다거나 동화작가라거나 하는 의식을 갖고 있지 않았다. 그는 다만 자신이 머물러 살던 탄광촌이나 농촌의 풍경, 산골에서 함께 살아 온 사람과 겪은 일들, 아이들과 함께 살아 온 이야기들을 꾸미거나 보태지 않고 보여 주고자 했다. 그들이 겪는 아픔과 그들의 삶에서 벌어지는 온갖 이야기들은 그가 쓰는 동화이고 동시였다.

그의 작품에는 토끼처럼 선한 마음을 잃지 않은 산골 아이들이나 허리가 휘도록 일하는 농사꾼, 죽음이 주변을 맴도는 줄 알면서도 깊은 굴 속으로 탄을 캐러 가야 하는 광부들, 갈 곳 없는 노인들, 부모가 돌보지 않아 팽개쳐진 아이, 따돌림 받는 아이, 병든 부모를 모셔야 하는 아이, 진폐증으로 죽어가는 아버지나 힘겨운 농사일로 지친 부모를 안타깝게 바라보는 아이 들이 주요 등장인물로 나온다. 이 아이들은 봄이면 햇쑥을 뜯고, 해 바른 곳에서 고무줄놀이를 하고, 일 나간 엄마 대신 아기를 업고 지루한 시간을 보내기도 한다. 고된 농사일에 시달리거나 찔레를 찾으러 갔다가 뱀을 만나 놀라기도 한다. 가난하지만 욕심 내지 않고 소박하게 살아가는 농촌 아이들과 광산촌 아이들이 그에게는 더없이 소중한 동무였다.

바보처럼 착한 사람들이 살아가는 이야기를, 곱디고운 하늘빛 아이들의 마음과 땅

빛 어른들의 마음을 읽어 낸 것은 그가 그들 속에 들어가 함께 살았기에 가능한 일이었다. 그는 머리로 익히는 지식이 아니라 삶을 통해서 얻는 교훈을 소중히 여겼다. 미물들의 생명조차도 더불어 살아가야 할 귀한 존재로 부각시켰다. 그는 작품을 통해 농촌 사람들, 탄광촌 사람들의 아픔과 고통을 보여 주며 뒤틀린 현실에서 함께 고민하고 풀어 가야 할 문제의식을 던져 준다.

그런 그의 작품을 두고 문학적인 가치를 따지는 것은 의미가 없을 것이다. 문학적 완성도를 따지지 않아도 그가 보여 주는, 건강하게 살아 숨쉬는 삶은 욕심으로 가득한 이들로 하여금 부끄러움을 느끼게 한다. 또한 그의 작품은 끊임없이 새로운 생명력을 잉태하는 자연을 보여 주며, 때로는 부당한 현실에 맞서 싸워야 한다고 이야기한다. 그의 작품은 담백하다. 어찌 보면 기교를 부리지 않기 때문에 자극적인 맛도 덜하고 긴장감이 떨어지는 것도 사실이다. 그런데도 자꾸 마음이 가는 것은 거기에 우리가 바라는 인간상이 있고 우리가 추구해야 하는 삶이 있기 때문일 것이다.

소박한 삶과 인정을 더 많은 사람들과 나누고자 했던 임길택은 1997년 12월, 한참 작품이 빛을 내기 시작하던 마흔다섯 나이에 잠시 여행이라도 떠나듯 세상을 훌쩍 떠나 그를 기억하는 이들을 안타깝게 했다. 겨레아동문학회는 2001년 그의 어린이 사랑 정신을 기리기 위해 그가 초임 발령을 받고 아이들과 함께 지냈던 사북에 시비를 세웠다. 그 곳은 그가 묻힌 곳이기도 하다.

---

**임길택 작품들, 더 읽어 보세요**
『탄광마을 아이들』임길택 시, 실천문학사
『할아버지 요강』임길택 시, 이태수 그림, 보리
『똥 누고 가는 새』(유고시집) 임길택 시, 실천문학사
『산골 아이』임길택 시, 강재훈 사진, 보리
『산골 마을 아이들』임길택 글, 이혜주 그림, 창작과비평사
『탄광마을에 뜨는 달』임길택 글, 다솜
『수경이』임길택 글, 유진희 그림, 우리교육
『느릅골 아이들』임길택 글, 현윤애 그림, 산하

『우리 누나』

오카 슈조 글 / 카미야 신 그림 / 김난주 옮김 / 웅진닷컴

# 편견의 벽을 넘고 싶은 장애인들

이 책을 쓴 작가 오카 슈조는 일본 도쿄 도립 특수학교에서 오랫동안 장애인들을 가르쳤으며 마흔 살에는 큰 병을 앓기도 했다고 한다. 이런 개인적 경험은 어린이문학에서 '진정한 인간'을 추구하는 바탕이 되었고, 이 책에 실린 여섯 편의 장애인 이야기를 풀어 가는 코드로 귀결되고 있다.

그는 이 책 어디서도 '장애인을 도와주어야 한다'거나 '차별하거나 괴롭혀서는 안 된다'거나 하는 상투적 구호를 들이대지 않는다. 다만 장애인의 삶의 현장에 카메라를 들이대고 감정을 절제하면서 현실감 있게 묘사하여 크고 작은 울림을 끌어낸다. 그리하여 장애인들이나 비장애인들이 함께 살아가면서 생기는 온갖 모순과 싸우면서 저마다 인

간으로서의 존재감을 추구하도록 한다.

「우리 누나」에서 쇼이치 눈에 비친 '우리 누나'는 자랑거리라고는 손톱만치도 없는 바보, 멍청이이다. 그런데 그가 가족들 가슴에 일렁이는 기쁨을 선사하는 사건을 연출한다. 한 달 간 복지사업소에서 일하고 받은 첫 월급으로 식구들에게 멋진 저녁 한 끼를 대접한 것이다. 레스토랑의 계산대 앞에서 의기양양한 누나, 세상에서 가장 맛난 저녁을 먹고 고마움에 눈물짓는 가족들, 미뤄 두었던 글짓기 숙제 첫머리에 '우리 누나는 장애인입니다'라고 쓸 수 있는 용기를 갖는 쇼이치는 한 인간으로서 누나의 존재감에 눈뜨게 된다.

이렇게 둘레 사람들 마음을 따뜻하게 적시는 장애인이 있는가 하면 「잇자국」

에 나오는 이치로와 시게루처럼 마음의 장애로 장애인에게 마음의 고통을 주는 사람들도 있다. '나'는 동무들과 함께 장난 삼아 소아마비로 잘 걷지도 말하지도 못하는 아이를 발을 걸어 넘어뜨리고 공원까지 쫓아가 집단 구타를 하고서도 그 사실을 은폐시키지만, 오랜 시간이 지난 뒤 그 사실이 마음의 잇자국으로 남아 괴로워한다. 오카 슈조는 사람마다 갖고 있는 이런 '양심'의 소리에 귀 기울이게 함으로서 마음의 장애를 극복하고 '진정한 인간'으로 거듭나게 한다.

옆집 뇌성마비 여자 아이 구미가 멋 부리기를 좋아한다는 사실을 알고 동무들의 놀림을 감수하면서 악세사리를 사 모으는 「목걸이」의 아키라, 불꽃놀이를 하다가 불을 내고 그 책임을 말 못하는 토모에게 뒤집어씌우고 양심의 가책에 눈물짓는 「불꽃놀이」의 요코, 남들에게 부끄러움이 되기 때문에 오빠 결혼식에도 가지 못하는 자신과 똑같은 장애아 친구에게 마음의 응원을 보내는 「워싱턴 포스트 행진곡」의 다케시 등은 세상의 크고 작은 모순들과 싸우면서 타인의 아픔을 이해하는 진정한 인간으로 다가와 크고 작은 울림으로 독자를 감동에 떨게 한다. 사람은 슬프거나 고통스런 일을 체험하면서 타인의 아픔을 아는 진정한 인간으로 성장할 수 있다는 작가의 발문이 큰 공감을 자아낸다.

5학년

더 읽어 보세요
「내게는 소리를 듣지 못하는 여동생이 있습니다」 J. W. 피터슨 글, D. K. 레이 그림, 박병철 옮김, 히말라야
「엄마의 생일선물」 세계교과서 명작동화 뉴질랜드 편, 심정순 옮김, 일과놀이
「아주 특별한 우리 형」 고정욱 지음, 송진헌 그림, 대교출판
「루이 브라이」 마가렛 데이비슨 글, 자넷 컴페어 그림, 이양숙 옮김, 다산기획
「장애를 딛고 선 천재 화가 김기창」 심경자 글, 나무숲
「블랙홀에 빠져 버린 천재 물리학자 스티븐 호킹」 홍당무 글, 노혜연 그림, 파란자전거

『머피와 두칠이』

김우경 글 / 송진헌 그림 / 지식산업사

자유를 찾아 떠나는
개들 이야기

나는 두칠이라고 해요. 이 책에는 많은 개들이 등장하는데 나도 그 중 하나예요. 나는 선희네 집에서 살았어요. 아저씨, 아줌마와 선희는 나를 무척 아껴 주었지요. 하지만 나는 선희네 집에서 도망쳤어요. 다시는 선희네 집에 가지 않을 거예요. 우리 종족끼리 마을을 이루어 자유롭게 살고 싶으니까요.

우리는 사람을 위해 목숨 바쳐 일했어요. 그 대가로 사람들이 베풀어 주는 은혜에 감사하며 살았지요. 하지만 이젠 사람들을 믿을 수 없어요. 사람들은 우리를 사육하다가 이리저리 팔아 버리고 자신들의 먹을거리로 삼기 때문이에요.

사람들은 너무나 몰인정해요. 우리도 생명이 있는데 마치 살아 있는 돌멩이 취급을 해요. 우리에게도 가슴 설레는 사랑이 있어요. 두려움에 떨기도 하고 기쁨에 몸을 떨기도 해요. 자존심도 있다고요. 친구가 필요할 때도 있고, 더러는 해피처럼 허세를 부리기도 하죠. 살아가기 위해서 끊임없이 현실과 타협하는 것은 사람과 다르지 않아요. 허크는 싸움개 출신이지만 싸우는 걸 정말 싫어해요. 그런데 그 집 주인은 기회가 있을 때마다 싸움을 시키다가 어느 날 갑자기 개장수한테 팔아 버렸어요. 허크가 팔려 가면서 '사람을 믿지 말라'던 이야기가 가슴을 아프게 했어요. 허크와 나의 가슴을 한없이 설레게 했던 공주처럼 예쁜 머피를 사람들은 장난감 삼아 키워요. 해피는 주로 먹는 데 신경 쓰지만 마음은 착해요. 그렇지만 해피도 사람들 때문에 숨 한번 크게 쉬지 못해

110

요.

　나는 우리 집에서 나름대로 편하고 안전하게 살았어요. 그런데 어느 날 선희 엄마가 선희 아버지의 건강을 위해 나를 '개소주'로 만들어 먹이겠다는 거예요. 세상에 믿을 사람 없다더니, 나는 우리 선희네만큼은 그렇지 않을 거라고 생각했는데 이게 웬 날벼락인지 모르겠어요. 나는 사랑하는 머피 때문에 망설였지만 개소주가 될 수는 없잖아요. 그래서 머피와 함께 가까스로 도망쳤어요. 하지만 산 속을 헤매다가 개를 키워 파는 개장수에게 잡혀 철장 속에 갇히고

말았어요. 얼마나 암담했는지 몰라요.

　우여곡절 끝에 어렵게 탈출을 해서 지난번 잠깐 만났던 들고양이 무리를 찾아갔어요. 그들은 그들끼리 마을을 이루어 자유롭게 살아가고 있었지요. 이제 나도 도망치는 동안 새로 사귄 친구들과 함께 사람들이 모르는 이 곳 산골짝에서 자유롭게 살 거예요. 사람들은 결코 믿지 않을 거예요. 나는 사람들이 휘두르는 폭력이 정말 무섭고 끔찍해요. 나는 그저 우리 친구들과 함께 우리 둘레에 끊임없이 관심을 가지면서 서로 돕고 사랑하며 자유롭게 살고 싶어요.

# 『산적의 딸 로냐』

아스트리드 린드그렌 글 / 일론 비클란드 그림 / 이진영 옮김 /
시공주니어

## 자연에서 태어난 아이들 이야기

양쪽으로 갈라 땋은 머리에 주근깨 가득한 얼굴로 기발한 장난을 일삼아 아이들은 물론 수많은 어른들의 가슴에 시들지 않는 동심의 세계를 심어 주었던 말괄량이 삐삐를 모르는 사람은 없을 것이다. 결코 미워할 수 없는 장난의

천재 삐삐와 함께 세계인들의 가슴에 깊이 각인된 이는 작가 아스트리드 린드그렌이다. 그는 삐삐와는 또다른 독특함이 넘치는 작품 『산적의 딸 로냐』로 다시 한 번 독자들에게 감동의 물결을 선사한다. 린드그렌은 독특한 캐릭터로 독자들을 꼼짝 못 하게 하는 마력을 갖고 있다.

이 동화에는 용기 있고 순수한 산적의 딸 로냐와 그의 다정다감한 남자 친구 비르크가 이야기의 중심에 있다. 그리고 권위와 탐욕으로 가득한 두 패의 산적 무리가 있다. 그들은 남의 물건을 빼앗는 마티스 성의 산적 두목인 로냐 아버지 마티스와 보르카 요새의 산적 두목이자 비르크의 아버지인 보르카이다. 이들은 서로 사라져 주기를 바라는 원수지간으로 끊임없이 갈등하며 으르렁거린다. 이들의 갈등을 더욱 부추기는 것은 로냐와 비르크이다.

로냐는 신비로운 마티스 숲에서 해가 뉘엿뉘엿할 때까지 바위를 기어오르고, 나무에 매달리고, 강을 건너면서 야생마처럼 숲에 자신을 길들인다. 비르크는 다정다감하고 순수한 소년으로 로냐를 좋아한다. 로냐도 비르크를 좋아한다. 하지만 두 산적은 아이들의 우정을 쉽게 인정하지 않는다. 아버지들의 대립이 아이들에게로 옮겨 온 셈이다.

로냐는 아버지가 산적이라는 사실도 괴로운데 비르크와의 우정마저도 끝내 인정되지 않자 거듭 고민하다가 비르크와 함께 집을 떠나 숲으로 들어간다. 그들을 환영해 마지않는 숲에서 배가 고프면 말젖을 짜서 먹고 상처가 나면 숲속의 이끼로 치유한다. 맑고 투명한 새벽 공기로 가득 채워진 마티스 숲은 두 아이들과 함께 아름다움의 극치를 이룬다. 그러나 겨울이 다가와 그들이 어려움에 처하고, 딸에 대한 그리움을 주체하지 못한 마티스가 곰굴로 찾아오면서 두 산적 사이엔 서서히 화해의 기운이 감돈다.

이 작품은 린드그렌이 창조한 신비로운 생명체들 때문에 더욱 매력적으로 다가온다. 난폭한 수리마녀, 약한 자를 위협하는 회색 난쟁이, 모습을 드러내지 않으면서 향략적인 노래로 사람을 유혹하는 지하요물 들이 그들이다. 그들은 때때로 로냐를 공격하여 곤경에 빠뜨리면서 작품의 긴장감을 유지시키는 장치로 작용한다.

이들과 함께 로냐와 비르크가 나누는 아름답고 순수한 우정은 가슴을 설레게 할 만큼 서정적이다. 그것은 오랜 갈등을 겪어 온 어른들을 화해시키는 마술을 부린다. 제도화된 기성사회의 모순을 용기로써 극복하게 한 순수한 아이들의 세계와 신의 연출로만 가능한 아름다운 자연의 세계가 빚어 내는 이중주이다.

# 노벨상 후보에 오른 동화작가 아스트리드 린드그렌

 린드그렌은 1907년 스웨덴 스모랜드 지방의 빔멜비라는 작은 마을에서 이야기를 좋아했던 농부 아버지, 조용하며 부지런했던 어머니 사이에서 태어나 그의 작품에 나오는 주인공들만큼이나 자유분방한 어린 시절을 보냈다. 하지만 청소년기에 문제아 대열에 끼게 된다. 그러다가 열여덟 살에는 결혼도 하지 않고 아이를 낳은 미혼모가 되고 말았다. 린드그렌은 마을 사람들의 외면 속에 지독한 외로움과 쓸쓸함을 견뎌야 했는데 이 때 겪은 외로움과 쓸쓸함은 고아나 빈민촌 아이들의 마음을 이해하게 했고 그의 작품을 이루는 바탕이 되기도 했다.

린드그렌은 1941년 겨울 폐렴으로 앓아 누운 딸 카린을 위해서 '삐삐' 이야기를 들려 주기 시작했다. 그러나 그 때까지만 해도 삐삐 이야기를 책으로 쓸 생각을 하지는 않았다. 그러다가 딸아이 카린이 열 살이 되었을 때, 생일선물로 주기 위해 삐삐 이야기를 글로 썼다. 딸아이는 무척 좋아했다. 딸아이가 좋아하면 다른 아이도 좋아할 것이라고 믿고 한 부 더 만들어서 출판사에 보냈다. 그러나 편집자들은 말썽쟁이들이 등장하는 이야기를 읽고 착한 아이들이 오염될까 봐 염려하면서 번번이 거절했다. 하지만 린드그렌의 작품을 알아본 라벤 앤 쇄그렌사 출판사에서 『삐삐 롱스타킹』을 책으로 펴냈다. 책이 나오자마자 아이들은 열광했고 린드그렌은 세계적인 작가로서 서서히 그 모습을 드러내기 시작했다. 린드그렌의 책들은 지금까지 76개국 언어로 번역되어 1억 명이 넘는 전세계 아이들을 즐겁게 해 주고 있다.

그는 자신의 책에 어떤 메시지를 담으려고 하는지, 어린이 책의 저자들은 어떻게 어린 독자들을 가르치고 영향을 미칠 수 있는지, 좋은 어린이 책이란 어떤 책인지에 대한 질문들을 자주 받는데 그의 대답은 이렇다.

"내 책들에는 어떤 메시지도 없다. 삐삐뿐만 아니라 다른 책들도. 나는 어린이들을 즐겁게 하기 위해 쓰고, 어떤 어린이들이 나로 인해 단지 즐거울 수 있기만을 바랄 뿐이다. 나는 좋은 어린이 책이 어떠해야 하는지에 대해 대답할 수 없다. 내가 글을 쓸 때 유일한 지침은 '진실성'이다."

린드그렌 작품에 나오는 주인공들은 착하고 말 잘 듣고 공부 잘하는 모범생과는 거리가 멀다. 『내 이름은 삐삐 롱스타킹』(시공주니어)에 나오는 삐삐, 『산적의 딸 로냐』(시공주니어)에 나오는 로냐, 『라스무스와 방랑자』(시공주니어)에 나오는 라스무스 등은 거의 모두 장난의 천재라 할 수 있다. 그러나 아이들은 이처럼 기발하고 톡톡 튀는 주인공들을 환호해 마지않는다. 어른 눈에는 말썽꾸러기일지라도 아이들이 마음 속에서 꿈꾸는 자유분방함과 재기 발랄함이, 그리고 정의로움이 넘치기 때문이다. 린드그렌은 노벨상 후보에 오르고도 애들 책이나 쓰는 동화작가라는 이유 때문에 상을 받지 못했지만 안데르센 상, 스웨덴 문학상 등 온갖 아동문학상을 휩쓸어 세계적인 명성을 날리고 있다.

현재 독일에는 린드그렌 이름을 딴 90개의 학교가 있고 스톡홀름에는 린드그렌의 동상이 있으며 그녀의 고향 빔멜비에는 1백만 제곱미터의 아스트리드 린드그렌 공원이 있다. '단 한 명이라도 내 책을 읽고 행복했다면 내 인생은 성공한 것이다.' 라고 생각하는 그녀의 작품 세계는 조용하며 미스테리한 그림책으로부터 유쾌하며 장난스러운 모험담에 이르기까지 폭이 넓다. 역동적인 문체와 초상상적인 이야기는 앞으로도 많은 독자들을 즐겁게 해 줄 것이 분명하다. 그녀는 2002년 1월 28일 94세의 나이로 세상을 떠났다.

최근에 그의 삶과 문학에 관한 이야기가 담긴 『사라진 나라』(풀빛)가 나왔다. 여기에는 작가가 창조한 주인공들이 탄생하게 된 배경, 그의 삶과 문학에 대한 이야기, 미래의 작가들에게 전하는 글, 생전에 함께 살아 온 가족과 친지와 이웃에 대한 이야기들도 전해진다. 린드그렌을 좋아하는 이들에게는 또 하나의 추억을 심어 줄 책이다.

# 『누가 호루라기를 불어 줄까』

이상락 글 / 신혜원 그림 / 창작과비평사

## 가난한 사람과 부자가
## 자리를 바꿀 수는 없을까

4학년 동수는 사다릿골이라 불리는 변두리 단칸 셋방에서 부모님, 여동생과 함께 복작대며 살고 있다. 그런 동수는 아무에게도 방해받지 않을 수 있는 자기만의 방을 갖는 것이 소원이다. 하지만 동수는 막노동판에서 일하는 아버지나 구슬을 꿰는 어머니를 바라보며 자기 방을 갖는다는 꿈이 가당치 않다는 것을 안다.

하지만 동수는 집주인 할머니가 십만 원에 내놓은 헛간 같은 방의 주인이 되기 위해 아무도 모르게 신문 배달을 하는 '달배'가 된다. 동수는 달배를 하면서 온갖 어려움 끝에 첫월급을 받지만 그 돈은 폐렴에 걸린 동생의 병원비로 나가고 꿈은 저 멀리 달아난다.

동수는 태어날 때부터 부자와 가난한 사람은 정해져 있는 것인지 궁금해하다 누군가 호루라기를 불어서 배구 시합할 때 코트를 서로 바꾸는 것처럼 부자와 가난뱅이가 교대를 할 수는 없는지 소망해 본다.

소풍 날 배달을 대신 해 주겠다던 동네 형들, 신문 배달을 해 줘서 고맙다며 티셔츠를 선물하던 아주머니 등 가난한 사다릿골 사람들처럼 주변에는 따뜻한 인정을 소중히 여기는 사람들이 많다. 가난하지만 인정이 넘치는 산동네에서 자기 삶의 주도권을 놓지 않고 열심히 살아가는 동수에게서 우리 시대에 필요한 건강한 이상을 보게 되고 이웃들의 따뜻함이야말로 세상을 살아가는 큰 힘이라는 것을 힘 있게 전하는 책이다.

# 『괭이 씨가 받은 유산』

조장희 글 / 김복태 그림 / 어린이중앙

## 뭇 생명들과 더불어 살아가는 이야기

길에서나 버스 안에서 리본을 달고 매니큐어를 칠하고 옷까지 해 입힌 강아지나 고양이를 안고 다니는 젊은 여성들이 있다. 본인이야 어떨지 모르지만 보는 사람으로서는 썩 유쾌하지 못한 풍경이다. 고양이는 쥐를 잡고, 강아지는 마당이나 들판에서 뒹굴고 뛰는 것이 사람들 가슴에 안겨 있거나 침대에서 뒹구는 것보다 자연스럽다.

『괭이 씨가 받은 유산』에서도 애완용 개와 고양이들은 맛난 치즈를 먹고 폭신한 이불에서 사람들과 함께 뒹군다. 동물 전용 병원과 미장원에도 다닌다. 하지만 애완용 동물을 이렇게 호사를 시켜 키우다가도 조금이라도 귀찮으면 가차없이 등을 돌리기 일쑤이다.

고양이 미요의 입을 통해 전개되는 이야기는 비인간적인 사람들의 작태를 여지없이 드러낸다. 아파트에서 개를 키우는 사람들은 개가 짖지 못하도록 성대 수술을 시켜 버리거나 귀에다 독한 약물을 넣어 귀머거리를 만들기도 한다. 오로지 사람의 즐거움만 위해서 본분을 잃고 괴로움을 당하는 동물에게서 사람들의 극심한 이기심을 보게 된다. 하지만 다 그런 건 아니다. 후반부에서 낯선 거리를 헤매던 미요가 생선 가게 아저씨와 할머니를 만나 따뜻한 인정을 체험하는 과정은 사람들의 본래 모습을 보게도 한다.

동물이나 사람을 비롯한 모든 생명은 저마다 자기 본분에 맞게 살아가는 것이 자연스럽다는 것을 편안하고 자연스러운 문체로 전달한다.

**6학년에게 권하는 책**

# 합리적 사고를 돕는 책읽기

　이제 아이들은 청소년기로 들어설 준비 단계에 이르렀습니다. 그들의 관심은 사회, 정치, 경제, 문화 등으로 확대됩니다. 몸과 마음이 성장하는 만큼 관심의 영역이 넓어지는 것이지요. 이런 관심이 제대로 충족되지 않으면 『개미』, 『소설 동의보감』, 『아버지』 같은 성인용 대중소설을 훔쳐보면서 사회로 향하는 관심을 충족시키려 합니다. 이런 관심을 충족시켜 가는 방법은 여러 가지가 있을 수 있는데 그 중에 책이 차지하는 비중이 적지 않습니다. 아이들은 책을 통해서 그들의 관심 분야를 확대하기도 하고 새로운 사실을 발견하기도 합니다. 이미 알고 있는 사실을 더 깊이 파고들기도 합니다. 작품에 나오는 인물들과 교류하면서 세상을 이해하고 자기 정체성을 확인하려는 심리도 작용합니다.

　이러한 6학년 아이들을 위한 책으로는, 성장하고 변화하는 그들의 심리를 반영하여 사회와 역사에 대한 이해를 높일 수 있는 문학책에 비중을 두고 골랐습니다. 요즘 아이들은 시청각 매체에 길들여져 가볍고 흥미로운 것을 추구하는 경향이 많습니다. 하지만 아이들이 가벼워진다고 하여 그것을 따라갈 수만은 없는지라 아이들이 세상을 바르게 살아갈 수 있는 잣대를 세우고 생각을 넓히고 깊게 하는 데 도움이 되는 책을 골랐습니다. 그러다 보니 부피가 만만찮은 책들이 꽤 됩니다. 가벼운 책에만 길들여진 아이가 아니라면 분명 참된 생각을 심어 주고 세상을 넓게 보는 데 도움이 될 것입니다. 아이들 속에 잠자고 있는 감성과 지성을 두드려 깨우고 상상력을 자극할 수 있는 계기가 될 것입니다. 살아가면서 느닷없이 만나는 역경에도 좌절하지 않도록 일어설 힘을 주기도 할 것입니다. 혼탁한 세상에서 마음의 중심을 어디에 두어야 할 것인지를 깨닫게 하는 데 도움이 되기도 할 것입니다.

21세기가 지식 기반의 사회라 하여 사회 전반에서 지식 중심의 교육을 따라가는 경향이 있습니다. 하지만 인간에 대한 이해가 바탕이 되지 않는 지식 기반은 의미가 없다고 봅니다. 지구의 주인인 뭇 생명들과 더불어 살아가는 정신을 키워 주고, 옳은 일에 대한 신념을 키우는 책읽기가 되어야 하겠습니다. 분단을 극복하고 민족에 대한 이해를 드높이는 책읽기가 되어야 하겠습니다. 나라와 종족과 성을 초월해 모두가 자유롭고 평화로운 세상을 지향하는 책읽기가 되어야 하겠습니다. 서로 다른 처지에서 살아가는 이들에 대한 이해심을 높일 수 있는 책읽기가 되어야 하겠습니다. 경제발전과 상관없이 가난에 시달리는 아이들, 부모의 이혼이나 사망으로 편부모 혹은 조부모 밑에서 사는 아이들, 친구 문제, 학습 문제 등 아이들도 나름대로 어른들 못지않게 부대끼며 살고 있습니다. 이런 가운데서도 살아가는 이유를 찾고 살아가는 기쁨을 발견하는 책읽기가 되어야 하겠습니다. 이 밖에도 살아가는 데 필요한 지식을 가르치고, 과학적이고 합리적인 사고를 돕는 책읽기가 되어야 하겠습니다.

아이들은 가르치기에 따라서는 무엇이라도 될 수 있는 가능성의 덩어리입니다. 그 가능성을 열어 주는 열쇠 중의 하나가 좋은 책읽기입니다. 여기에 소개된 책들이 그 가능성을 열어 주는 데 조금이나마 도움이 되었으면 하는 마음입니다. 많이 읽기보다는 좋은 책을 곱씹어 읽으면서 한 작품 한 작품에 담겨 있는 향기를 충분히 맛보게 하기를 바랍니다.

『겨레아동문학선집 1-10』

방정환 외 글 / 김종도 외 그림 / 겨레아동문학연구회 엮음 / 보리

# 남북 아동문학 한자리에 모이다

2000년 남북 지도자가 두 손을 마주 잡았다. 반 세기 가까운 세월 동안 서로 타도의 대상이었다가 비로소 동반자로서의 관계가 성립되는 순간이었다. 그 후로 남과 북은 여러 분야에서 연애하는 사이처럼 은밀한 속삭임들이 부지런히 오가며 가까워지고 있는 중이다.

그 중에서 어린이 분야에 대한 관심이 상대적으로 낮은 것은 못내 아쉬운데, 다소 위안이 되는 것은 1999년 방정환 탄생 100주년을 맞으면서 분단 후 처음으로 남북 아동문학 작품이 한자리에 모인 『겨레아동문학선집』(전10권)이 발간된 일이다.

『겨레아동문학선집』은 1920년부터 1950년 한국전쟁이 일어나기 바로 전까지 발표된 동화와 동시들을 모아 엮은 책이다. 신문과 잡지 더미에서 수십 년 동안 잠자던 작품들이 타임머신을 타고 날아온 듯 우리 앞에 나타난 것이다. 여기에서는 어린이문화운동의 아버지 방정환, 우리 나라 창작동화의 선구자 마해송, 뛰어난 문장가로 이름을 날린 이태준, 날카로운 아동문학평론가로 널리

알려진 송 영, 풍자문학의 대가 채만식, 우리 아동문학의 아버지 이원수 등의 작품들을 만날 수 있다. 80년 남짓밖에 되지 않는 우리 아동문학의 역사가 그나마 분단으로 인해 반쪽의 문학밖에 되지 못했는데 비로소 온 겨레 아동문학으로 새로 태어난 셈이다.

치열한 작가의식으로 빚은 이 작품들은 수난의 한 시대를 수놓았던 우리 아이들과 어머니 아버지와, 할머니 할아버지들의 삶의 이야기를 진실되게 그려 내고 있다. 나라를 빼앗긴 채 신음하던 우리 겨레 아이들을 민족의 주인으로 서게 하는 정신을 담아 내고 있다. 어떤 상황에서도 당당함과 자존심을 잃지 않았던 우리 아이들의 생생한 삶을 그려 내고 있다. 목숨보다 소중하게 여겼던 사람의 도리와 인정스런 삶을 그려 내고 있다. 이 책에서 우리는 잡초처럼 살면서도 결코 불의와 타협하지 않고 꿋꿋하게 살아 온 우리 겨레의 주인들을 만날 수 있다.

더러 거칠고 세련되지 못한 작품들이 눈에 띄지만 전반적으로 진지함과 소박함을 잃지 않은 남과 북의 아동문학이 한자리에 모여 종이 위에서나마 이룬 남북 통일이 고맙기만 하다. 1권부터 8권까지는 동화집이며 9, 10권은 시집이다.

# 『꽃들에게 희망을』

트리나 폴러스 글·그림 / 김석희 옮김 / 시공주니어

## 삶의 진정성을 찾는 여행

세상에 태어난 지 얼마 안 된 조그만 호랑애벌레는 아무 생각 없이 나뭇잎을 갉아 먹다가 문득 '그저 먹고 자라는 것만이 삶의 전부는 아닐 거'라는 생각으로 고민에 빠진다. 분명 어딘가에 먹고 자라는 일 이상의 그 무엇이 있을 텐데 어디서도 그것을 찾을 수가 없어 좌절하고 회의하기를 거듭한다. 노랑애벌레와 사랑에 빠져 보기도 한다. 하지만 어떤 것으로도 마음을 채울 수가 없다.

실의에 빠져 있던 호랑애벌레는 남들이 기를 쓰고 오르는 기둥에 올라 보기로 한다. 왜 오르는지도 거기에 무엇이 있는지도 생각지 않았다.

오로지 올라야 한다는 생각만으로 수단과 방법을 가리지 않고 천신만고 끝에 꼭대기에 올랐다. 그러나 그 곳은 수많은 애벌레들의 기둥 가운데 하나일 뿐이다. 실망을 넘어 분노가 일었다. 노랑애벌레와 함께 지낸 날들을 생각하면서 내려오던 중 눈이 부시도록 아름다운 노랑나비를 만난다.

한편, 노랑애벌레는 호랑애벌레가 꼭대기에 오르는 동안 늙은 애벌레를 만나 가슴 벅찬 사실을 알게 된다. 나비는 땅과 하늘을 연결시켜 주고 이 꽃과 저 꽃 사이를 옮겨 다니며 사랑의 씨앗을 날라다 주어 세상 꽃들에게 희망을 주는 존재인데, 자기도 나비가 될 수 있다는 것이다. 그런데 나비가 되려면 애벌레로서의 삶을 포기해야 한다. 확신도

124

없는 일에 하나뿐인 목숨을 걸어야 할지 불안이 밀려온다. 그러나 '너는 아름다운 나비가 될 수 있다'는 늙은 애벌레의 격려에 용기를 내어 모험에 도전하기로 한다. 늙은 애벌레의 고치 옆에 매달린 채 실을 뽑아 내어 자신의 고치를 만들기로 한 것이다. 그리고 얼마 후 노랑애벌레는 화려한 나비로 다시 태어난다. 그리고 함께 사랑을 나누던 호랑애벌레를 찾아온 것이다.

노랑나비를 본 호랑애벌레는 자신들이 날 수 있다는 사실을, 꼭대기에 오르려는 본능은 기어오르는 것이 아니라 날아야만 채울 수 있다는 사실을 깨닫는다. 둘레 애벌레들에게 이 사실을 알렸지만 아무도 믿지 않는다. 사실은 그 스스로도 확신할 수 없는 일에 목숨을 걸어야 할지 불안했다. 그래서 오랜 시간의 고뇌 끝에 땅으로 내려와 노랑애벌레와 함께 사랑을 나누었던 곳을 찾아간다. 그리고 노랑애벌레였던 노랑나비의 사랑에 힘입어 화려한 나비로 거듭나는 희열에 휩싸인다!

치열한 자기와의 싸움에서 이긴 두 마리 애벌레의 환희의 찬가는 죽음보다 더한 고통 끝에 울려 퍼지는 것이어서 더욱 눈부시다. 검정색 선과 노란색, 그리고 까만 활자에 디자인적 요소를 주면서 배치한 화면은 주제는 물론 애벌레들의 이미지와 섬세한 마음의 움직임까지도 효과적으로 전달한다.

125

# 『천둥치는 밤』

미셸 르미유 글·그림 / 고영아 옮김 / 비룡소

# 나는 누구일까?

'우리는 어디서 왔지? 도대체 누가 맨 처음 인간의 생김새를 생각해 냈을까? 운명, 그게 도대체 뭘까? 내 머릿속에 있는 이 많은 생각들은 다 어디서 왔을까? 이 세상의 끝이란 게 있을까? 내가 언제 죽을지 알 수 있을까? 죽는 건 아픈 일일까? 사람이 죽으면 영혼은 어디로 가지? 살아 보지 않은 일회적인 인생을 어느 길로 가야만 옳은 것인가?'

누구나 이런 의문에 한 번쯤 빠져 본 경험이 있을 것이다. 이 책에 나오는 주인공은 아이들이 갖고 있을 온갖 의문을 떠올린다. 때로 자신을 향하여, 때로는 우주를 향하여 삶에 대한 의문으로 나아간다. 이런 의문과 더불어 인간의 연약함과, 사랑받고 싶어하는 본능과, 때로 파도처럼 몰려오는 무서움에 대하여

그리고 죽음에 대하여 생각하고 또 생각한다.

바람 불고 어두운 밤 풍경 그림으로 시작되는 『천둥치는 밤』은 이처럼 한 여자 아이가 홀로 상상의 바다에서 건져 올린, 삶의 이야기이다. 한 생명으로 세상에 던져진 모든 존재들이 삶에 대해, 우주에 대해, 생명에 대해, 죽음에 대해 궁금증을 갖고 그것에 대한 답을 얻기 위해 상상하고 고민하는 과정을 보게 된다.

기발한 상상력, 예상치 못한 의문들, 유머러스한 그림들이 주는 재미도 적지 않다. 잠시 의미 있는 삶을 찾아가는 여행자가 되어 보게 한다.

# 『말박사 고장수』

곽옥미 글 / 김유대 그림 / 시공주니어

## 제주도는 어떻게 생겨났을까?

제주도는 늘 거기에 있지만 한 번도 자신을 온전히 드러낼 것 같지 않은 신비의 땅으로 기억된다. 그것은 제주도가 가진 독특한 언어와 문화가 주는 색다른 정서 때문이기도 할 것이다. 제주도에는 뭍에서 볼 수 없는 것이 여럿 있는데 조랑말도 그 가운데 하나이다.

초등 학교 5학년인 장수는 할머니와 세 살배기 조랑말 조랑순이와 함께 산다. 장수는 말박사라는 별명이 붙을 만큼 말에 대해 모르는 것이 없다. 그만큼 토종 말 조랑순이를 좋아하고 아낀다. 장수는 어느 날 조랑순이를 데리고 바닷가에 나갔는데 조랑순이가 '어서 내 등에 타'라고 하더니 장수를 태우고 하늘을 날아 자기 조상인 흰말에게 간다. 흰말은 다시 장수를 태우고 과거의 세

계인 말들의 나라에 간다. 거기서 할아버지가 키우던 제주 일마를 만난다. 제주 일마가 들려 주는 이야기에는 제주도에 말과 사람이 살게 된 내력, 제주도의 탄생설화 등이 담겨 있다.

현실과 환상을 오가며 보여 주는 말들의 세계도 사람들 세계처럼 많은 갈등이 있으며 그것을 지혜롭게 풀어 가고 있음을 알게 된다. 제주도 사람들만이 가진 독특한 문화와 정서에 대한 이해를 높일 수 있는 책이다.

> **더 읽어 보세요**
> 『검둥이를 찾아서』
> 박재형 글, 김윤주 그림, 국민서관
> 『내 친구 삼례』 박재형 글, 이동진 그림, 현암사
> 『제주도 이야기』
> 현길언 글, 강요배 그림, 창작과비평사

『아름다운 고향』

이주홍 글 / 손장섭 그림 / 창작과비평사

# 일제강점기를 살아 온 아름다운 우리 겨레

　일제 시대를 배경으로 한 장편소설로 우리 겨레가 수난의 역사를 살아 오면서 외세로부터 나라를 지켜 낸 피 어린 삶의 이야기이다. 소설 속에 또다른 소설이 전개되는 방식으로 구성된 『아름다운 고향』은 기득권을 획득한 지주들의 횡포와 일제의 폭압 정치에 수난당하며 잡초처럼 질기게 살아 온 우리 겨레의 삶이 진득하게 녹아 있다.

　주인공 영재가 도배를 하다 신문 더미에서 우연히 발견한 아버지 일기로부터 이야기는 시작된다. 할아버지(김동이), 할머니(삼월이), 아버지(현우), 영재로 이어지는 3대의 이야기이다. 영재 할머니(삼월이)는 종의 신분으로 지주 허별감의 꾐을 거절하지 못하고 아이(기득이)를 낳는다. 하지만 삼월이는 아이를 낳고 몸도 채 추스리지 못한 채 마님에게 쫓겨난다. 삼월이는 자신을 찾아온 허 별감 집 머슴 김동이(영재 할아버지)와 가정을 이루지만 허 별감 마나님의 끔찍한 횡포에 시달리며 형벌과도 같은 삶을 산다. 삼월이는 종의 신분 때문에 자기가 낳은 아들 기득이를 한번 불러 보지도 못한다. 뼈 빠지게 일을 해도 늘 배고픔을 면치 못하고, 걸핏하면 허 별감 마님의 무지막지한 매를 고스란히 맞아야만 한다. 삼월이는 계급사회의 모순에 희생되는 농민의 비극을 극명하게 보여 준다.

　전반부가 이처럼 계급모순에 희생되는 우리 농민의 삶을 다룬다면 후반부에서는 일제와 맞서는 민족의 아픔을 그려 낸다. 마을의 정신적 지주 죽당 선

생은 마을 청년들에게 일제의 만행을 주지시키며 한민족의 정신을 고양시킨다. 현우 아버지 김동이를 비롯한 마을 사람들은 3·1운동의 주모자로 몰려 일제가 휘두르는 총칼에 처참하게 죽어 간다. 일제는 마을 사람들을 교회에 몰아 넣고 석유를 뿌리고 불을 지르며 극심하게 탄압한다.

그러나 마을 사람들은 일제의 날카로운 눈빛을 피해 가며 정월 대보름날 꽹과리 소리, 북 소리, 사람들의 아우성 소리가 한데 어우러지는 질펀한 대동놀이를 마련한다. 거기에서 우리 고유의 민중의식이 탁월하게 드러나고 억눌렸던 민족의 자존심이 살아나면서 이 소설의 절정을 이룬다. 이 장면은 이 책 제목이 『아름다운 고향』일 수 있게 하고 우리 겨레의 하나됨을 뜨겁게 반영한다. 그리고 일제의 총칼이 아무리 기승을 부려도 잡초처럼 끈질기게 살아나 일제의 야만적인 폭압정치를 극복하는 힘으로 작용한다. 가혹한 고난의 세월을 숨죽여 살면서 민족의 자존심을 지키고자 싸웠던 나라 없는 백성들의 핏빛 같은 역사가 묵직하게 다가온다.

> 일본 침략자들이 서구 동화 가운데서 가려 뽑아 이른바 세계 명작이라고 부르는 동화를 보면 강자의 세계관에 의한 침략과 약탈, 살육을 미화하고 있습니다. 따라서 이런 동화는 강자의 어린이들에게는 침략과 약탈을 위한 행위를 모험심과 용기로 정당화시키고 약자인 식민지 어린이들에게는 굴종과 도피심을 당연하게 받아들이는 열등의식을 조장시키는 것입니다.
> – 『어린이 책을 읽는 어른』(이주영 글, 웅진닷컴) 중에서

# 이주홍 동화 읽기

생전에 이주홍 선생님을 만난 적은 없다. 다만 그의 동화가 주는 재미에 끌려 1980년대 초반 〈어린이와 책〉이라는 잡지를 내면서 원고청탁을 한 적이 있다. 선생님은 곧바로 허락한다는 육필 편지에 열심히 하라는 격려까지 보내 왔다. 그 후 세상을 떠날 때까지 두어 번의 전화 통화를 더 한 것이 전부이다. 이후 이주홍이란 이름만 보고 책을 찾아 읽으면서 동화의 맛을 알아가곤 했다.

그는 널리 알려진 대로 1906년 경남 합천 출생으로 '향파'라는 호를 갖고 있다. 보통 학교 졸업 후 서당에서 한학을 공부했다. 열다섯이 되었을 때 동네 뒷집 천도교인에게 〈신인간〉과 〈개벽〉을 받아 보고 문학에 눈을 떴으며 혼자서 표지와 목차, 사설, 논문, 수필, 소설, 만화, 광고 등을 써서 〈형제〉라는 잡지를 만들기도 했다. 1925년 〈신소년〉에 「뱀새끼의 무도」를 발표한 이후 동화 외에도 시, 소설, 수필, 동요·동시를 썼으며, 전래동화를 재창작하는 일까지 다양한 영역에서 활동했다.

이주홍은 1987년 세상을 떠날 때까지 60여 년 간 아동문학에 대한 남다른 애정을 온몸으로 실천한 작가이다. 아동문학에 대한 전반적인 이해가 부족하던 초창기부터 한결같이 익살과 재치와 풍자와 역사성이 고루 담긴 작품들로 우리 아동문학의 기틀을 세우는 데 한몫을 한 것이다. 이주홍이 늘 성인문학의 그늘에 가려 제대로 빛을 보지 못하는 아동문학에 이토록 한결 같은 마음을 쏟을 수 있었던 것은 우리 겨레와 아이들에 대한 지극한 애정 때문일 것이다. 이주홍은 고단했던 우리 겨레의 삶과 서민 아동에 대한 각별한 애정을 풍자와 해학과 익살로 풀어 낸다. 그것은 아동문학이 민족문학으로 거듭나는 바탕이 된다.

해방 전 문단의 주류를 형성하던 카프 작가들은 어린이의 현실 문제에 주목하기보다는 사회 모순을 지적하면서 아동문학을 자신들의 이념을 고취시키고 합리화하는 도구로 이용하는 경향이 강했다. 그 영향으로 아이들 사이에도 계급적 적대감을 나타내는 등 혼란을 가중시키기도 했다. 이런 문제점은 해방 후 프로 아동문학의 대표적 비평가였던 송완순에 의해 '수염 난 총각'으로 호된 비판을 받기도 했다. 이주홍은 '아동이라고 해서 현실을 떠나 살 수 없으며 헛된 상상이나 하게 하는 작품보다는 당대 현실을 담아 낸 문학이라야 가치를 지닌다'는 당시 프로문학가들의 주장에 합류한다.

하지만 이주홍은 계급주의 이념에 갇히지 않는다. 치열한 작가정신으로 계급 모순으로 희생되는 농민의 현실을 더 먼저 보았고 그것을 극복할 수 있는 정신을 심어 주는 데 힘을 기울였다. 「청어 빼다귀」, 「돼지 콧구멍」, 「잉어와 윤첨지」, 「개구리와 두꺼비」 등은 도식으로 빠지던 작품들과 달리 당시 문학의 큰 조류를 형성했던 카프 문학의 성과로 극찬을 받은 작품들이다.

해방 후에는 『아름다운 고향』(창작과비평사)등을 통해 일제의 폭압정치를 우리 민중들의 끈끈한 민족정서로 극복하는 모습을 그려 낸다. 산업사회로 들어서는 1960년대와 1970년대 그리고 1980년대로 넘어오면서 1930년대에 가졌던 작가로서의 현실인식이나 치열함은 사라졌다. 대신 『못나도 울 엄마』(창작과비평사), 『사랑하는 악마』(창작과비평사) 등을 통해 익살과 풍자로 서민 아이들의 고된 삶을 어루만져 주었다.

민족과 역사에 대한 뚜렷한 인식, 서민 아이들에 대한 남다른 애정, 그것을 맛깔스럽게 풀어 가는 솜씨는 이 시대를 살아가는 아이들에게 어려움을 극복하는 힘, 겨레의 아이들로 자라는 힘을 심어 준다. 여기에 토속적인 언어, 이야기에 담긴 유머는 이주홍 동화의 정신을 빛나게 하는 요소들이다.

2002년, 그의 고향인 부산에 〈이주홍 문학관〉이 건립되었다.

## 『마사코의 질문』

손연자 글 / 이은천 그림 / 푸른책들

## 일제강점기에 우리 겨레는 어떻게 살았나

2001년을 들어서면서 일간 신문들은 일본 교과서 왜곡 기사로 뒤덮이다시피 했다. 일본 우익 국가주의 단체인 '새 역사 교과서를 만드는 모임'이 편집한 〈중학교 역사 교과서〉의 한국 관련 내용 가운데 일본의 아시아 침략을 미화하고 한반도 지배를 정당화하는 말도 안 되는 내용이 담겨 있기 때문이었다.

일본과 우리 나라는 언제나 가깝고도 먼 사이였다. 오랜 역사 속에서 우리는 임진왜란, 정유재란, 강화도 조약 그리고 36년 간에 걸친 일제강점기 등을 거쳐 왔다. 또한 독도 문제로 인한 불편한 관계가 지금 이 순간에도 계속되고 있다. 제국주의 일본은 아시아의 약소국들에게 숱한 과오를 저질러 왔고 지금도 교과서나 아동문학에 여전히 왜곡된 역사

를 주입하고 있는 것이다.

표제작인 동화「마사코의 질문」은 1945년 8월 일본에 투하된 미국의 원자폭탄을 소재로 하여 일본의 제국주의를 비판한다. 일본은 미국의 원폭으로 말미암아 자신들이 2차대전의 최대 희생자인 양 주장한다. 그러면서도 그들이 아시아 국가에게 가해한 사실에 대해서는 함구하는 비뚤어진 역사관을 내보인다.

작가는 넓은 의미에서 전쟁을 일으킨 일본도 전쟁의 아픔에서 완전히 자유롭지 못하다는 입장을 보이지만 이야기의 중심은 일제 만행으로 인한 한국인의 고통에 가 있다.

「꽃잎으로 쓴 글자」는 일제가 행한 우리말 말살 정책에 짓밟히는 우리 아이

들의 모습에서 분노와 안타까움을 느끼게 한다. 일본인의 무자비한 폭력에 처참하게 희생된 조선인의 모습을 그린 「방구 아저씨」나, 관동 대지진 때 꽃을 따 먹고 쓰레기를 줍는 가난한 조선 소녀를 좋아한 일본 어린이가 발음이 정확하지 못해 일본인들로 구성된 자경단에게 학살되는 모습을 그린 「꽃을 먹는 아이들」은 전쟁이 가져오는 인간성 말살을 고발한다.

그 밖에 펜으로 일제에 저항했던 시인 윤동주가 생체 실험에 희생된 이야기를 다룬 「잎새에 이는 바람」, 우리 나라가 해방되던 날 일본인들을 향해 칼을 휘두르는 아버지를 살인자로 만들 수 없다며 일본인을 피신시키는 모습을 그린 「긴 하루」 등은 일본인들의 무자비한 폭력과 그로 인한 우리 겨레의 고통을 다룬다. 주제 전달이 앞서다 보니 직설적인 점이 아쉬움으로 남지만 우리 나라와 일본 역사를 이해하는 데 많은 도움이 되는 책이다.

---

**일제강점기를 배경으로 한 동화와 인물전**

『겨레아동문학선집 1~10』
겨레아동문학연구회 엮음, 보리

『벌렁코 할아버지』
어린이교육연구회 엮음, 현암사

『나비를 잡는 아버지』 현 덕 외 글, 교육문예창작회 엮음, 이철수 그림, 창작과비평사

『백범 김구』 신경림 글, 창작과비평사

『윤봉길 의사』
방영웅 글, 신학철 그림, 창작과비평사

『나라 사랑의 외길를 산 선비 김창숙』
정종목 글, 사계절

『손자를 빌려드립니다』 나가사키 겐노스게 글, 이현미 그림, 신지식 옮김, 대교출판

『무궁화와 모젤 권총』 시카타 신 글, 후지사와 토모이치 그림, 민 영 옮김, 창작과비평사

6학년

『미나마타의 붉은 바다』

하라다 마사즈미 글 / 문성근 그림 / 오애영 옮김 / 우리교육

# 환경오염으로 병들었지만 나는 세상의 주인

환경문제가 세계적인 화두가 된 지 오래이다. 그런데도 환경은 갈수록 나빠지고 있다. 이 책은 표지에 '세계 최초의 공해병을 다룬 다큐멘터리 동화'라고 되어 있어 쉽게 내용을 짐작하게 한다. 한편으론 '공해병? 그거 늘 하는 이야기 아냐?' 하면서 상투적 구호쯤으로 생각할지도 모르겠다. 늘 구호만 난무하다가 흐지부지했던 사례들을 수없이 겪어 왔으니까. 하지만 여기서 다루는 환경문제는 단순한 고발이나 구호의 차원을 넘어서고 있다.

이야기의 배경이 되는 일본의 미나마타 바닷가는 더없이 아름다운 곳이다. 이 곳에 화학공장이 들어서 폐수를 쏟아내기 시작한다. 그 때문에 해산물이 유기 수은에 오염되고 그것을 먹은 가

축들이 몸을 비틀며 죽어가더니 그 다음에는 아이들이 같은 증상으로 쓰러지기 시작한다.

사실 이 정도 내용이면 우리가 알고 있는 환경오염에 관련된 책과 다를 것이 없다. 대개 환경오염의 원인과 문제와 대안이라는 상투적 방식으로 결론을 맺으니까. 하지만 여기서는 환경오염으로 인하여 인생을 잃어버린 사람들이 자신의 존재감을 드러내기 위해 처절한 싸움을 벌이는 과정이 단순한 환경오염 문제를 뛰어 넘게 한다.

미나마타 환자들은 폐수를 바다에 쏟아 낸 공장주와 이를 묵인한 정부 때문에 돌이킬 수 없는 공해병이 들었다는 사실을 세상에 알려 나가기 시작한다. 부모들은 병든 아이를 데리고 세계환경

대회에 참가하여 미나마타 병의 실상을 폭로한다. 어머니 뱃속에서부터 오염된 채 세상에 나온 태아성 미나마타 환자들은 주변 사람들이 전염병 환자처럼 기피하는 데서 오는 심리적 고통을 감수하면서 공장주와 정부를 상대로 재판을 벌여 많은 사람들의 지지 속에 승리하고 금전적 보상도 받아 낸다. 일할 수 없는 몸으로 나이가 들어 청년이 된 그들은 금전적 보상을 받았지만 사람의 삶은 돈으로 해결되지 않는다고 외친다. 보상금으로 주어지는 안락보다는 일을 하고 싶다고 외친다. 자신들도 꿈틀거리는 청춘이 있는데 이대로 아무 일도 하지 않고 죽어갈 수는 없다고 절규한다.

미나마타 환자들은 생애를 걸고 무언가를 하고 싶은 열망으로 세상의 문을 두드린다. 신문이나 텔레비전을 통해서, 라디오 프로그램에 전화를 걸어 미나마타 병 환자들의 실상과 바람을 알려 나가기 시작한다. 한 마을이 통째로 병에 걸리게 만드는 환경오염과 그 때문에 생기는 공해병을 몰아 내기 위해서 함께 손잡고 나아가자고 알리는 여행에 나서기도 한다. 그들의 몸은 병들었지만 잘못된 세상을 바꾸어 나가자고 외친다.

태아성 미나마타 환자들이 세상의 편견과 부당한 질서에 온몸으로 저항하는 아름다운 정신은 단순히 환경오염을 고발하는 데 그치지 않는다. 삶의 주체로 서기 위해 세상의 부당함과 맞서 싸우는 그들의 치열한 모습이 눈물겹도록 아름답게 다가온다.

## 『네가 하늘이다』

이윤희 글 / 한병호 그림 / 현암사

# 이야기로 읽는 동학농민전쟁

"우리가 피땀 흘려 지은 곡식이 우리 손에 들어오지 않고 저 악랄한 지주나 관리 손에 들어간 것이 어제 오늘 일이 아닙니다. 우리는 언제나 갖다 바치기만 했습니다. 조금이나마 살 만한 이는 탐욕스런 관리의 표적이 되었습니다.

거기다 개항 이후 외국 상인들의 횡포로 우리의 삶은 바닥에 떨어졌는데도 벼슬아치들은 자기 잇속 채우기에 정신이 빠져 있습니다. 그런데 조병갑이 다시 부임해 와 어제의 행패를 오늘 또 하고자 합니다.

……부디 저 탐관오리들을 물리치고 나라를 바로잡는 대열에 앞장 서야 할 것입니다! 이제 우리가 마음놓고 살아 가는 밝은 세상을 만들어야 합니다. 그 것은 여러분 손에 달려 있습니다. 자, 날 이 밝기 전에 곧바로 고부 관아로 쳐들어갑시다."

이 책은 이렇게 농민들이 부패한 양반들의 폭정에 반기를 들고 누구나 평등하게 대접받는 세상을 이루기 위해 일으킨 동학농민전쟁 이야기를 그려 보인다. 동학농민전쟁의 주역은 힘없는 아이들을 포함해 땅을 하늘처럼 여기던 농민들이다. 가세가 기운 양반집 아들 은강이와 머슴 사는 솔부엉이, 가난을 짐처럼 이고 사는 끝돌이 등 고부에 사는 열 살 안팎의 아이들과 머슴 살던 집을 나와 농민군에 들어간 갑수, 아이장수 복룡이, 그 당시 사회에서 사람 취급도 안 했던 백정의 아들 막동이 등 스무살 남짓 되는 피끓는 청년들이 그들이다. 여기에 은강이의 훈장이었던 전

봉준을 비롯해서 수많은 농민, 장사꾼, 술집 아낙 들이 세상의 주인으로 서기 위해 떨쳐 일어난다.

전반부에서는 고부에서 봉기가 일어 난 원인과 전국으로 확산해 가는 과정 을 그린다. 변변한 무기 하나 없이 싸우 다가 관군의 발굽 아래 짓밟혀 죽어가 는 모습이 안타까움을 자아낸다. 후반부 에서는 조선의 양반들이 농민 봉기를 진압한다는 명분으로 일본과 청나라를 불러들여 농민군을 짓밟는 모습이 그려 진다. 신식 무기로 무장한 일본군과 청 나라 군사와는 달리 거의 맨몸으로 싸 우며 초개같이 죽어간 처절한 농민군이 야말로 진정한 이 땅의 주인임을 인식 하게 한다.

숨가쁜 역사의 현장에서 어른들과 함

께 나라의 주인으로서의 몫을 다했던 어린 민중들, 여인들, 그리고 이름없이 쓰러져 간 농민들을 역사의 주역으로 당당하게 살려 내면서 불의에 저항하는 정신을 불러일으킨다. 여기에 토속적인 분위기를 물씬 풍기는 걸쭉한 사투리로 감칠맛 나게 사용한 입말과 이야기 전 체를 감싸고 도는 등장인물들의 끈끈한 인간애가 어우러져 묵직한 감동으로 다 가온다.

『임꺽정과 일곱 형제들』
김우일 글, 유연복 그림, 산하
『이야기 동학농민전쟁』
송기숙 글, 김환영 그림, 창작과비평사

『너도 하늘말나리야』

이금이 글 / 송진헌 그림 / 푸른책들

# 아픈 만큼 성장하는 아이들

**5**월

하늘말나리는 땅을 보고 피는 여느 나리꽃과 달리 하늘을 향해서 피는 야생화이다. 이 책에 등장하는 세 주인공 미르, 소희, 바우는 하늘말나리처럼 높은 하늘을 바라보며 자신의 상처를 극복하고 성장해 간다. 세 아이는 살아가는 상황이 조금씩 다르긴 하지만 한쪽 부모가 없다는 공통점을 갖고 있다.

미르는 이혼한 부모 때문에 보건 소장인 엄마를 따라 시골로 내려온다. 미르는 엄마 아빠의 이혼 원인을 엄마에게 돌린다. 그래서 아빠에 대한 그리움, 시골 생활에 대한 부적응과 불편함을 엄마에게 반항하고 분노하면서 해소하려 한다. 소희는 아빠를 일찍 여의고 엄마는 재혼을 했기 때문에 할머니와 단 둘이 산다. 그래서인지 할머니의 극진한 사랑에도 불구하고 엄마 아빠에 대한 그리움과 외로움에 젖어 있다.

엄마를 일찍 여읜 바우는 아빠와 살면서 엄마에 대한 어찌할 수 없는 그리움과 허전함 때문에 누구와도 말을 하려 들지 않는 '선택적 함구증'이라는 병에 걸려 있다.

세 아이는 제 아픔의 무게에 짓눌려 서로 비슷한 처지의 친구를 돌아보지 못하고 오히려 상처를 낸다. 그리고 각자 감당하기 버거운 삶의 무게와 씨름하며 갈등한다. 하지만 시간이 흐르면서 세 아이는 서로의 마음을 헤아리는 친구로 만나게 되고 그것은 자신의 아픔을 극복하는 힘으로 발전한다.

할머니를 잃고 작은집으로 옮겨 가는 소희도, 엄마 아빠를 한 남성과 여성으로 받아들이게 된 미르도, 선택적 함구증에서 벗어나고 있는 바우도 알을 깨는 아픔을 겪고 그만큼 성장하고 있음을 보여 준다. 곳곳에 사춘기 여자 아이들에게서 나타나는 감상이 드러나기도 하지만, 사람으로 인해 상처 받은 마음도 결국 사람에 의해 치유할 수 있다는 믿음을 키워 갈 수 있게 한다.

---

**한쪽 부모만 있거나 부모가 없는 아이의 삶을 다룬 책, 더 읽어 보세요**

「고향을 지키는 아이들」 박상규 글, 안문선 그림, 창작과비평사
이 책에 실린 동화 「새엄마」는 친엄마가 죽고 새엄마를 맞이하기까지의 아이의 심리를 다루고 있다.

「밤안개」 이원수 글, 권사우 외 그림, 웅진닷컴
이 책에 실린 「여울목」은 돌아가신 친어머니 대신 새어머니를 맞이하는 아이의 불안한 심리와 이를 극복하는 이야기를 담은 동화이다.

「내 영혼이 따뜻했던 날들」 포리스터 카터 글, 조경숙 옮김, 아름드리
다섯 살 때 고아가 된 주인공이 체로키 인디언의 피를 이어받은 할아버지 할머니와 함께 숲에 살면서 자연의 이치를 배우는 이야기

「밤티 마을 큰돌이네 집」 이금이 글, 양상용 그림, 푸른책들
「밤티 마을 영미네 집」 이금이 글, 양상용 그림, 푸른책들
엄마가 집을 나간 후 큰돌이와 영미 남매가 술주정꾼 아버지와 성치 못한 할아버지와 힘겹게 살아가다가, 새엄마인 팥쥐엄마가 들어와 함께 살게 되면서 화목한 가정을 새로이 꾸려가는 이야기

# 이금이 동화 읽기

1990년대 초반 텔레비전 코미디 프로그램에서 바보스럽고 장난스런 '영구'라는 캐릭터가 인기를 끌고 있을 무렵, 많은 아이들은 우스꽝스런 영구 흉내를 내면서 키득거리곤 하였다. 비슷한 시기에 동화작가 이금이가 쓴 『영구랑 흑구랑』이란 동화집이 나왔다. '웬 명랑 동화가 또 하나 나왔군!' 하며 심드렁하게 반응하다가 혹시나 하고 읽어 보았는데 그 '영구'하고는 전혀 다른 심성이 착하고 고운 영구를 만나게 되었고, 이금이라는 동화작가를 기쁘게 만날 수 있었다. 그는 1984년 새벗문학상에 「영구랑 흑구랑」이 당선되어 작가로 활동을 시작했으니, 작가 나이 20여 년을 헤아리고 있다.

그는 동화를 통해서 무엇을 가르치거나 주장하기 위하여 목소리를 높이지 않는다. 긴장감을 유발하지도 않는다. 독특한 캐릭터가 나오는 것도 아니다. 그런데도 아이들을 끌어당기는 묘한 힘이 있다. 그게 무엇인지 확인하기 위해 어느 해 가을 그가 둥지를 틀고 있던 청주를 찾았다. 들판에는 은빛 갈대가 무리지어 너울거리고 있었다. 동화작가 이금이는 그런 동네 한켠에서 수더분한 시골 아줌마 모습으로 낯선 방문객을 맞았다. 그리고 오랜 지기를 만난 듯 '수다'를 풀어 놓기 시작했다.

그는 본래 서울에서 나서 자라고 교육받았다. 그러다가 농촌 운동에 뜻을 둔 남편을 만나서 농촌으로 시집가서 아이 낳고 살면서 시골 아낙이 되어 갔다. 그리고 농촌 사람들의 삶과 농촌 아이들을 눈여겨보기 시작했다. 그리고 그 속에서 터 잡고 살지 않으면 보아 내기 쉽지 않은 농촌 문제에 눈을 돌리게 되었고 그것을 글로 풀어 내기 시작했다. 그는 보통 아이들의 일상적인 삶을 잔잔하게 그려 내는 것이 특징이지만, 마음은 늘 도시를 동경하면서 사람 대접을 제대로 받지 못한다는 어 찌할 수 없는 피해의식에서 비켜나지 못하는 농민들, 수입 농산물 문제, 농촌 총 각 문제 등 구조적 모순으로 뒤틀린 농촌 현실을 빼지도 보태지도 않고 그려 보 인다. 그러나 이금이는 흔히 말하는 '농촌 작가'는 아니다. 농촌을 배경으로 할 뿐이다. 그런데도 이금이는 한동안 농촌 문제를 다룬 동화를 자주 써서 농촌 작 가라는 이미지가 굳어지는 듯했다.

그러나 그의 관심은 가난한 도시 빈민 아이들, 결손 가정 아이들, 외로운 노인 들, 폐교가 되어 정든 학교를 떠나야 하는 아이들, 장애를 가진 아이들, 부모의 이 혼으로 마음을 앓는 아이들 등 우리 사회 곳곳에서 소외된 이들 모두에게 뻗어 있다. 그리고 그들이 각기 다른 삶의 자리에서 서로 아픔을 헤아리고 보듬어 따 듯하게 감싸 안으면서 함께 살아가야 할 이웃임을 인식시킨다.

이금이 동화는 전체적으로 따듯함을 느끼게는 하지만 특별한 사건이나 특별한 인물이 없다. 그저 그렇고 그런 사람들이 요령 피우지 않고 저마다 자기 빛깔로 살아가는 모습을 보여 줄 뿐이다. 그래서 때로는 치열함이나 독특함이 부족해 보 인다. 한결같이 너무나 착하고 정형화된 인물들이 주는 밋밋함이나 문제의 본질 보다는 변방을 서성이는 듯한 모습이 한계로 느껴지는 것도 사실이다. 하지만 평 범한 인물들이 살아가는 일상의 소중함을 놓치지 않는 것이 이금이 동화만이 갖 는 미덕이라면 미덕이라 하겠다.

그래서 이금이 동화는 따져 가며 읽을 필요가 없다. 보이는 대로 느껴지는 대로 읽고 그 느낌을 즐기면 된다. 이금이 동화는 무엇을 주려는 것보다 그냥 이렇게 혹은 저렇게 살아가는 사람들도 있단다, 하면서 힘든 이들에게 위로를 주고 따듯 함을 나누어 주고자 할 뿐이다. 무언가를 주장하지도 드러내려 애쓰지도 않으니 읽는 이들도 그렇게 편안하게 읽으면 된다. 다가오는 감동일랑 소중하게 간직하 면서!

# 『알리체의 일기』

알리체 스투리알레 글 / 이현경 옮김 / 비룡소

## 행복을 전염시키는 아이

"나는 많은 장점을 가지고 있습니다. 물론 다혈질이어서 단점도 많다는 것을 인정합니다. 나의 가장 큰 장점은 활발한 성격입니다. 모든 사람들과 어울리는 것을 좋아합니다. 그리고 항상 재치 있

는 대답을 준비하고 있지요.

나는 추상화를 잘 그리고 짓궂은 계획을 세우는 데 남다른 재주가 있습니다. 그리고 항상 유명한 사람이 되어 있거나 무엇이든 할 줄 아는 사람이 되어 있는 것을 상상합니다.

나는 운동을 아주 좋아합니다. 걸을 수 없기 때문에 모든 종류의 운동을 다 할 수는 없지만요. 어쨌든 나는 스키를 탈 수 있습니다.

나는 축구나 농구, 배구 경기 중계는 보지 않지만 포물러 자동차 경주와 스키 경기 중계는 좋아합니다."

"어쨌든 장애인 축제는 세상에서 가장 바보 같은 축제 같다. 왜냐고? 그런 행사는 장애를 극복하도록 격려해 주는 게 아니라 꼭 '넌 장애인이다'라는 사

실을 강조하기 위해 준비된 것 같다. 나의 특별한 재능은 명랑하고 낙관적인 성격이다. 이 성격은 내가 살아가는 동안 아주 유용하게 쓰일 것이다. 나는 어려움이 닥쳤을 때 그다지 힘들어하지 않고 극복해 낼 수 있고, 내 이웃들이 어려움에 처했을 때에는 극복할 수 있게 도와 주고 기운을 내는 법을 가르쳐 줄 수 있다. 그러면 이웃들은 기운을 차려 어려움을 극복한 뒤 그 방법을 다시 자신의 이웃에게 가르쳐 줄 수 있을 것이다."

이렇게 말하는 알리체는 태어난 지 열 달 만에 척추성 근위축증이라는 진단을 받는다. 이 병 때문에 항상 허리를 고정하는 교정기를 착용해야 했고 큰 수술을 받아야 했다. 가벼운 감기에도 목숨을 잃을 수 있어 한시도 마음을 놓을 수 없었다.

하지만 알리체는 세상에 대한 무한한 호기심과 발랄함과 명랑한 성격을 잃지 않고 둘레 사람들에게 행복을 전염시켜 나갔다. 따듯함, 섬세함, 호기심, 관찰력, 풍부한 상상력은 그 아이가 장애인이라는 사실을 잊게 한다. 그 나이 또래 아이들이면 으레 그렇듯이 알리체는 동무들과 수다떨기를 좋아하고, 둘레 사람들과 어울리기를 좋아하는 보통 아이로 열심히 살았다. 알리체는 걸을 수 없지

만 다양한 스포츠와 모험과 캠핑도 즐겼다.

이 책은 알리체의 자아가 성장하면서 자신의 신체가 다른 사람과 다르다는 사실을 인식하는 과정, 자신이 사회의 한 구성원임을 눈떠 가는 과정, 사랑의 감정에 눈뜨는 사춘기 시절의 풍부한 감정 들을 솔직하고 당당하게 표현한 일기글, 편지글, 시, 그림, 책을 읽고 쓴 글, 텔레비전을 보고 쓴 글 등을 엮은 것이다. 알리체는 장애인으로서가 아니라 끊임없이 자신을 돌아보면서 참되게 살고자 노력한 보통 아이로 다가와 우리 아이들에게 행복을 전염시킨다.

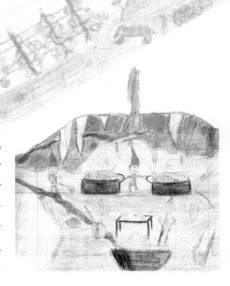

『초가집이 있던 마을』

권정생 글 / 홍성담 그림 / 분도출판사

# 6·25 전쟁 이야기

　나이 많은 이웃집 노인은 "뒤에서는 쾅쾅 대포가 터지지, 앞에서는 대동강 물이 가로막고 있지, 뱃속 아이는 아홉 달이나 되었지. 얼마나 무섭던지 그 때 생각만 하면 끔찍하다."면서 6·25 난리 겪은 이야기를 종종 하신다. 마을 사람들이 피난 갔다가 겪은 고생 이야기, 피난을 가지 않고 남아 있던 사람들이 공산당이 시키는 부역을 하고, 그러다가 국군이 들어오면 부역을 했다고 잡혀가곤 했다는 이야기는 마치 먼 나라 이야기 같다.

　하지만 그건 바로 우리 겨레가 겪은 6·25전쟁 이야기이고 『초가집이 있던 마을』 아이들이 겪은 이야기이다. 풀처럼 순하고 착한 문식이, 화순이, 종갑이, 유준이 이야기이다. 경상도 사투리의 대

화말로 시작되는 아이들 이야기를 읽으며 더없이 순박하고 정겨운 모습에 슬며시 웃음이 떠오른다. 이런 아이들, 그리고 어른들은 가슴에 총부리를 겨누고 놀이를 하듯이 총과 포탄을 쏘아 대는 전쟁 때문에 가족과 이웃을, 그리고 삶의 터전을 몽땅 잃어버린다. 날아오는 총알과 폭탄에 맞아 처참하게 죽고 다치고 어찌할 바를 모른다.

　이 책은 남편과 부모와 삼대독자 외아들을 잃고 통곡하는 어머니, 하나 남은 손자마저 잃고 스스로 나무에 목을 맨 종갑이 할아버지, 피난길에서 어렵사리 혼례를 치렀지만 약혼자를 빼앗긴 학분이의 이야기이다. 가족처럼 친구처럼 애틋하게 지내던 이웃들이 서로 적이 되어 등을 돌린 슬픈 이야기이다. 영

문도 모른 채 인민군이 되었다가 국군이 되었다가 하면서 죄인이 되고, 그러다가 무더기로 끌려가서 총살을 당한 우리 겨레의 아픈 역사 이야기이다. 얼떨결에 북으로 간 아버지를 둔 아이, 아무 죄 없이 미국 비행기가 쏘아 댄 총탄에 쓰러져 간 이 땅의 백성들의 핏빛 어린 이야기이다.

복식이가 북으로 간 아버지에게 총을 겨눌 수 없다며 입대영장을 받아 놓고 스스로 목숨을 끊으며 남긴 유서에서 말했듯이 이제는 '보이지 않는 올가미에서 벗어나야 할 때'임을 깨우쳐 준다. 피를 나눈 형제처럼 애틋한 마음으로 살아가던 마을 사람들의 순박함이, 너무나 순박한 아이들의 모습이 전쟁의 비참함을 더욱 선명하게 부각시킨다.

감칠맛 나는 경상도 사투리의 대화,

상황과 인물에 대한 생생한 묘사를 통해 강대국의 힘의 논리에 의해 아무 죄 없이 전쟁 마당이 되어 처참한 비극을 겪은 우리 겨레의 수난의 역사를 극명하게 보여 준다. 한국 아동문학을 연구하는 일본인 나까무라 오사무에 의해 일본에서도 번역 출판되었다.

# 동화작가 권정생 이야기

동화작가 권정생은 안동 시내에서도 버스로 30여 분을 더 달려서야 다소곳한 모습을 드러내는 조탑동이란 시골 마을에서 살았다. 열 평이 채 안 되는 조그만 흙집에서 19세 때부터 앓아 온 병마와 싸우며 한 줄 한 줄 동화를 썼다. 오랜 투병생활로 인해 쇠잔해질 대로 쇠잔해진 그의 모습은 새 같기도 하고 풀 같기도 했다.

그는 작은 토담집을 지키면서 무엇을 고민했을까? 세계 도처에서 끊임없이 벌어지는 전쟁이 얼마나 무자비한 폭력인가를 가슴 아파하고, 가진 자들의 욕심 때문에 고통받는 가난하고 힘없는 이들도 평화롭게 사는 세상을 꿈꾸었다. 여린 목숨들이 다치고 죽은 것을 안타까워하면서, 남과 북이 하루 빨리 통일이 되기를 염원했다. 모두가 착한 마음으로 서로를 아끼면서 살아가게 되기를 염원했다. 그는 40킬로그램 안팎 되는 병든 육신으로 안타깝게 이 모든 것이 우리들 자신을 얼마나 피폐하게 하는지를 알려 주기 위해 고민했다.

그는 전쟁통에 남편을 잃은 이웃집 할매가 불쌍하고, 부모를 잃은 아이들과 자식 없는 노인들이 불쌍하고, 농사지어 몽땅 팔아도 품삯조차 건지지 못하는 농부가 안타까워 어쩔 줄 몰랐다. 환경오염으로 맑은 강물을 모르는 아이들이, 외진 시골에서조차 시내에서 들어오는 학원 차에 맥없이 실려 가는 아이들이 불쌍했다. 1998년 9월 어느 날 찾아간 길에 '선생님 요즘에 별로 신작을 안 내시던데요?' 하는 물음에 그는 지나가는 말처럼 대답했다. "동화를 쓸 수가 없어요. 사람 살아가는 모든 일이 돈으로 귀결되고 있어요. 일하는 것도 공부하는 것도 사람을 만나는 것도 모두 돈 때문이에요. 아이들에게 어떻게 사는 것이 옳다 말할 수가 없어요. 내가 하라는 대로 하면 모두 낙오자가 될 터인데 그럴 수야 없지 않아요? 삶의 주제가 없어요. 교회도 그렇고 절도 그렇고, 돈으로 인해 사람을 소외시키고 있어요. 이웃집 가난한 할머니가 절에 다니는데 늘 쌀을 가지고 다녔대요. 그런데 절에서 쌀을 가져오지 말고 돈으로 가져오라고 하더래요. 그래서 이 할머니가 돈을 얼마나 가져가야 하나 고민을 하다가 삼만 원을 내고 왔는데 쌀값보다 몇 배나 들더랍니다. 절에 다니는 즐거움마저도 마음놓고 누릴 수가 없어져 버린 것이지요. 나는 하나님을 믿지만 토정비결도 보고 불교책도 보고 그래요. 한 번은 내가 나가는 교회 장로님이 그래요. '어째 권 집사 동화에는 하나님 얘기가 하나도 안 나오니껴?' 이래요."

그는 '동화에서 예수님 이야기를 잘못 다루면 신성모독이란 말이 나오고 스님 이야기를 잘못 다루면 항의 전화가 뒤따른다'는 이야기를 하며 사람들의 닫혀 있는 마음과 삶의 주제를 상실한 것에 대한 안타까움을 표하기도 했다. 어떻게 하면 사람들이 착한 마음을 가지고 서로 소중히 여기며 살아갈까? 아이들에게는 어떻게 그런 마음을 갖게 할까? 전쟁통에 남편을 잃고 자식을 잃고 한평생 가슴에 든 멍을 쓸어 내리는 우리의 수많은 할매 할배들의 그 한을 어떻게 풀게 할까? 이런 문제가 바로 그가 늘 생각하는 '삶의 주제이며 동화의 주제'였다.

그래서인지 그가 쓴 동화에 나오는 인물들은 토끼, 송아지, 풀, 심지어는 똥까지도 너무도 착하고 어질다. 왜곡된 역사와 뒤틀린 사회 현실을 비판하면서 궁극적으로 지향하는 것은 이처럼 어진 사람들이 마음놓고 살아가는 세상, 강자도 약자도 없고, 있는 자가 위세를 부리지도 않으며, 없는 자가 짓밟히지도 않는 그런 세상이다.

그는 스스로 오물덩이라고 일컬을 만큼 자신을 세상의 가장 낮은 곳에 두었다. 그리고 동네 청년들이 지어 준 흙벽돌집에서 청년시절부터 앓아 온 병마와 싸워 오면서 곧 꺼질 것 같은 생명을 부여잡고 한 줄 한 줄 동화를 쓰다가 세상을 떠났다. 그것은 곧 우리 현대사에서 버림받고 상처받고 소외받은 우리 이웃들의 슬프고 고통스런 이야기다. 그의 이야기를 담은 『권정생 이야기 1, 2』(한걸음)가 나와 있다.

# 『남북 어린이가 함께 보는 창작동화 1-5』

이오덕 엮음 / 김환영 외 그림 / 사계절

## 책에서 이루어지는 남북통일

남과 북의 교류가 활발해지면서 금기시되던 일들이 자연스런 일상으로 다가오고 있다. '때려잡아야' 할 대상이었던 북한이 이제는 더불어 살아가야 할 대상으로 한 발짝 다가온 셈이다. 이런 교류가 시작되기 이미 오래 전부터 어린이 책에서는 북한과 하나임을 인식하게 하는 작업들이 진행되었다. 『남북 어린이가 함께 보는 창작동화』가 바로 그것이다. 모두 다섯 권으로 이루어진 이 시리즈에는 남한과 북한, 연변에서 나온 창작동화 61편이 실렸다.

첫째 권은 일제시대와 해방 직후를 배경으로 하여 그 시대에 우리 겨레가 살아간 모습을 다룬 이야기가 실려 있다. 일제강점기에 일본인의 앞잡이 밑에서 혹사당하다가 목숨 건 탈출 끝에 조국해방의 길을 찾는 과정을 감동적으로 보여 주는 북한 작가 리동섭의 「한길로 간다」, 일제의 조선 침략과정과 그로 인한 한국인의 수난을 그리면서 자주독립의 꿈을 심어 주는 마해송의 「토끼와 원숭이」 등이 그러하다.

둘째 권은 해방 후 분단과 전쟁의 비극과 그것에 대한 극복의지를 다룬 동화들이 실려 있다. 가난한 집 아이의 현실과 이를 바라보는 이들의 편견을 그린 현 덕의 명작「고구마」를 비롯해서, 외세로부터 벗어나 스스로의 힘으로 통일을 이루고자 하는 의지를 다룬 이현주의「육촌형」, 이산가족의 아픔을 통해 분단의 비극을 드러내는 이원수의「호수 속의 오두막집」, 남북한 어린이들의 동질성을 인식하는 과정을 다룬 권정생의「바닷가 아이들」등이 실려 있다.

셋째 권과 넷째 권에서는 저학년을 대상으로 한 북한 동화들을 실었는데 동물이나 곤충을 의인화하여 노동의 중요함, 더불어 살아감, 부지런함 따위의 덕목을 강조한다. 북한, 남한, 연변이라

는 지역적 특수성 외에도 새롭게 보이는 일은 일반문단에서 화려한 조명을 받으며 명성을 떨치던 당대의 문인들이 아동문학을 일반문학과 동등한 자리에 놓고 열정을 태운 모습이다.

아무리 하찮은 목숨이라도 불쌍하면 도와 주어야 한다는 주제를 유머러스하게 보여 주는 이 상의「황소와 도깨비」, 남의 집에서 데려온 어린 강아지가 밤 중에 어미를 찾아가다가 강물에 빠져 죽은 내용을 다룬 이태준의「어린 수문장」, 해방 전후의 혼란한 사회 속에서 이중적인 태도로 자신의 안일을 추구하는 비열한 인간 군상을 통렬하게 풍자하는 채만식의「이상한 선생님」등은 한민족이 겪은 시대의 아픔과 꿈을 그려 보이면서 남과 북이 힘 모아 함께 살아갈 세상을 지향하게 한다.

---

**「남북 어린이가 함께 보는 창작동화」**
(전 5권) 이오덕 엮음, 김환영 외 그림, 사계절
① 이상한 선생님
② 정말 바보일까요?
③ 세번째 소원
④ 통발신을 신었던 누렁소
⑤ 돌아오지 않는 까삐

**북한 동화, 더 읽어 보세요**
**「남북 어린이가 함께 보는 전래동화」**(전 10권)
손동인 외 엮음, 사계절
**「삐용이네 꽃밭」**
조월례 엮음, 주미혜 그림, 우리교육

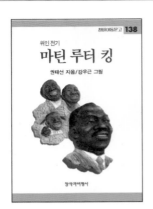

『마틴 루터 킹』

권태선 글 / 강우근 그림 / 창작과비평사

## 인간은 피부 빛깔이 아니라 인격으로 평가 되어야 한다

"나는 버밍햄이 불의가 있는 곳이기 때문에 이 곳에 왔습니다. 아무도 불의에 대한 싸움에서는 구경꾼일 수 없습니다. 그리고 여러 해 동안 나는 기다리라는 말을 귀에 못이 박이도록 들었습니다. 다른 흑인들도 마찬가지일 것입니다. 그러나 이 기다리라는 말은 결코 아무것도 주지 않겠다는 말과 다르지 않습니다.

우리는 340년 동안이나 우리에게도 헌법적 권리와 인권이 보장되기를 기다렸습니다. 그러나 우리는 아직도 간이 식당에서 커피 한 잔을 백인과 차별없이 마실 수 없습니다. 인종 차별의 아픔을 맛보지 않은 사람들에겐 기다리라고 말하는 것이 쉬울 수도 있겠지요. 그러나 부모들이 아무런 이유도 없이 폭도에게 얻어맞는 것을 볼 때, 형제자매들이 그들의 채찍질에 쓰러지는 것을 볼 때, 또 증오에 가득 찬 경찰들이 형제자매에게 몽둥이질과 발길질을 퍼부어 때로는 죽이기까지 하는 것을 볼 때, 여섯 살 난 딸에게 우리는 왜 텔레비전에서 그토록 선전해 대는 놀이동산에 갈 수 없는지를 설명할 말을 찾지 못할 때, 또 이 나라 이곳 저곳을 여행하는 동안 흑인을 받아 주는 여관이나 호텔을 찾을 수 없어 불편한 차 속에서 새우잠을 잘 수밖에 없다는 것을 알게 될 때, 날이면 날마다 백인 전용, 유색인 금지라는 팻말로 모욕을 받을 때, 또 나이가 아무리 많아도 그저 검둥이 자식이라는 말로만 불릴 때, 날마다 스스로를 하찮게 여기지 않을 수 없게 만드는 그 모든 것과

싸우지 않을 수 없게 될 때 여러분은 왜 결코 더 이상 기다리기 어려운가를 이해하게 될 것입니다.

여러분은 또 우리가 법을 깨뜨리는 것이 걱정된다고 말씀하셨습니다. 물론 법을 지키는 것은 중요합니다. 우리가 공립학교에서의 인종 분리를 금지한 1953년 대법원의 판결을 지키라고 요구하면서 시위를 금지하는 법을 어기고 있는 것은 얼핏 보면 모순된 것처럼 보일 수도 있겠지요. 그러나 법은 두 종류가 있습니다. 정당한 법과 부당한 법이 그것이지요. 정당한 법을 지키는 것은 의무라고 생각합니다. 그러나 부당한 법은 거부하는 것이 사람들의 의무라고 믿습니다. 정당한 법은 도덕의 법, 그리고 하느님의 법과 일치하는 법입니다.

부당한 법은 도덕의 법과 맞지 않는 법이지요."-본문 중에서

이 책은 미국 사회에 뿌리 깊이 남아 있는 흑백 차별에 맞서 싸우며 흑인 인권 운동사에 큰 획을 그은 마틴 루터 킹의 감동적인 생애를 그려 보인다.

---

**인종차별을 다룬 이야기, 더 읽어 보세요**

『흑인 소년 삼미』귀도 스타스 글, 김홍래 옮김. 서광사
백인들의 차별 속에서도 웃음을 잃지 않으며 백인들의 마음을 열어 간 소년 이야기

『위대한 영혼 간디』이옥순 글, 김천일 그림, 창작과비평사
비폭력 운동의 창시자 간디의 일생을 다룬 책

『난 두렵지 않아요』프란체스코 다다모 글, 노희성 그림, 이현경 옮김, 중앙M&B
파키스탄 소년 이크발이 아동착취 실태를 고발하다가 열세 살 나이로 숨져 간 이야기

창비아동문고 46
스웨덴 장편동화
사자왕 형제의 모험
아스트리드 린드그렌 지음/김경희 옮김
창작과비평사

# 『사자왕 형제의 모험』

아스트리드 린드그렌 글 / 일론 바클란드 그림 / 김경희 옮김 /
창작과비평사

## 죽음 저편에서 악의 무리와 싸우는 형제

아동문학의 품격 있는 고전으로 널리 알려진 『사자왕 형제의 모험』은 정의의 용사들이 악의 무리를 징벌한다는 단순한 주제를 다룬다. 하지만 이야기를 풀어 가는 정교하고 치밀한 방식, 이야기의 배경이 되는 죽음 저 너머의 세상 낭기열라, 그리고 선과 악의 대비가 뚜렷한 인물 들이 직접 모험을 겪는 것처럼 신나는 책읽기를 경험하게 한다.

이야기의 무대가 되는 낭기열라는 소피아 아줌마가 지도자로 있는 자유와 평화의 나라 '벚나무 골짜기'와 오르바르가 지도자로 있는 '들장미 골짜기'로 이루어져 있다. 그리고 '과거의 강'을 사이에 두고 '과거의 산' 꼭대기에는 독사처럼 잔인한 폭군 텡일이 흉폭한 전설의 괴물 '캬틀라'를 데리고 그의

왕국인 '까르만요까'를 지키고 있다. 들장미 골짜기의 지도자 오르바르는 독재자 텡일에게 잡혀 캬틀라 동굴에 갇혀 있고 들장미 골짜기는 텡일의 폭정에 신음하고 있다. 요나탄은 집 안에 일어난 화재 때문에 병을 앓던 동생 카알을 업고 이층에서 뛰어내리다 먼저 낭기열라로 간다. 카알도 얼마 후에 죽어 형제는 다시 만난다.

사자왕 형제 요나탄과 카알이 텡일의 폭정 때문에 굶주리며 자유를 애타게 바라는 들장미 골짜기 사람들을 구하기 위해 까르만요까로 가는 과정, 마침내 텡일과 괴물 캬틀라와의 무서운 싸움 끝에 들장미 골짜기의 지도자 오르바르를 구하고 텡일을 물리치는 과정이 손에 땀을 쥐는 긴장감 속에 전개된다. 형

제는 오르바르가 갇혀 있는 까르만요까의 동굴로 숨어드는 동안 숱한 위기의 순간들을 맞이한다. 하지만 그 때마다 기지를 발휘해 극복하는데 위기가 반복되면서 이야기는 극적 긴장감을 띤다. 사자왕 형제가 오르바르를 구하고 함께 텡일의 군사들과 일대 전쟁을 벌이는 과정에서 사자왕 형제를 지켜 주고 감싸 주던 마티아스 할아버지를 비롯해서 독재자 텡일도 죽고 텡일의 명령만 따르던 캬틀라도 죽는다.

'사람답게 살고 싶어서' 위험한 모험을 마다하지 않은 사자왕 형제는 '한데 뭉쳐서 자유를 위해 싸우는 사람들을 굴복시킬 수는 없다'는 진리를 인식하면서 옳은 일을 위해 싸워야 한다는 신념을 갖게 한다. 마지막 장면에서 요나

탄이 캬틀라와 싸우다가 그 독이 닿아 죽게 되자 카알은 형을 업고 까마득한 절벽 아래로 떨어져 또다른 죽음 저 너머의 세상 '낭길리마'로 향한다. 사자왕 형제가 가려고 하는 낭길리마는 오직 자유와 평화와 사랑만이 있는 세상으로 바로 우리가 지향해야 할 곳이다. 어떤 대가를 치르고서라도 지켜야 할 자유와 평화의 나라 말이다.

---

**모험 이야기, 더 읽어 보세요**
『칠칠단의 비밀』
방정환 글, 김병하 그림, 사계절
『나의 산에서』
진 C. 조지 글, 김원구 옮김, 비룡소
『호비트』
J. R. R. 톨킨 글, 김석희 옮김, 시공주니어

## 『사람은 무엇으로 사는가』

똘스또이 글 / 이만익 그림 / 이종진 옮김 / 창작과비평사

# 삶의 참된 의미를 일깨우는 책

도스토예프스키와 함께 19세기 러시아 문학을 대표하는 똘스또이는 이 책에서 철저한 기독교 사상을 바탕으로 러시아 민중들을 참다운 진리로 안내한다.

「사람은 무엇으로 사는가」에서 하늘나라 천사 미하일은 하느님의 말씀을 어긴 죄로 '사람의 마음 속에는 무엇이 있는지, 사람에게 안 주어진 것은 무엇인지, 사람은 무엇으로 사는지' 알아야 한다는 세 가지 숙제를 받고 땅으로 추방당한다. 그리고 가난한 구둣방 주인 세몬의 집에서 6년을 지내면서 그 답을 하나하나 찾아간다.

미하일은 가난한 구둣방 주인 세몬이 당장 끼니를 걱정하면서도 낯선 이에게 자기 외투를 벗어 주는 인정, 태어난 지 사흘 만에 엄마를 잃은 쌍둥이 자매를 데려다 정성껏 키우는 이웃집 여인의 사랑을 보면서 사람은 사랑으로 살아간다는 것을 알게 된다.

「사람에게는 땅이 얼마나 필요한가」에서는 땅 욕심으로 목숨까지 버리는 어리석은 사람의 이야기를 들려 준다. 결국 똘스또이는 욕심을 버리고 서로 사랑하며 소박하게 살아갈 때 행복을 얻게 된다는 간단한 답을 제시한다. 자기에게 필요한 만큼만 취하고 하늘의 뜻대로 살아간다면 거기에 바로 천국이 있음을 이야기하는 것이다. 가난한 러시아 농민들에게 한 줄기 구원의 빛이 되었을 똘스또이의 메시지는 극한 자본주의 사회인 오늘에도 여전히 큰 울림으로 다가온다.

# 『어머니 사시는 그 나라에는』

권정생 글 / 정승각 그림 / 지식산업사

## 겨레의 노래, 생명의 노래, 자연의 노래

깜장 토끼가 노란 토끼를 핥아 주고
하얀 토끼가 잿빛 토끼한테 기대고
자고

토끼는 빛깔이 달라도 서로 아끼고
토끼는 눈빛이 달라도 나란히 살고

토끼는 모두 모두 예쁘다 그러고
하늘처럼 하늘처럼 푸르게 살고.
　　　　　　　　　－「토끼」 전문

이렇듯 서정적인 언어로 빚어 내는
권정생의 시집은 이 땅에 뿌리 내리고
살아가는 뭇 생명에 대한 애틋한 애정
을 담고 있다. 그러기에 그가 눈길을 주
는 곳에는 어김없이 어질고 착한 생명
들이 있다. 들판의 벌레와 새, 하늘에 눈

을 두고 푸르고 자유롭게 살고 싶은 토
끼, 나이도 고향도 부모형제도 모른 채
아늑한 들판과 평화로운 하늘에 눈을
두고 일하는 소가 그들이다. 그들은 이
리저리 짓밟히고 뜯기며 모진 시련을
겪지만 마침내 눈부신 꽃을 피워 내는
길가의 민들레처럼 시련을 딛고 일어선
우리 겨레를 상징한다.

시인은 이 땅의 뭇 짐승과 자연과 남
과 북의 아이들이 하나가 되기를 애절
한 마음으로 염원한다. 다 같이 단군의
자손으로 같은 피를 나눈 형제이므로
하루 빨리 하나가 되자고 한다. 우리 겨
레의 시린 슬픔과, 생명과 자연에 대한
다함 없는 애정과 절절한 심정을 감성
적인 언어로 이야기하는 아름다운 시집
이다.

## 『태양의 아이』

하이타니 겐지로 글 / 최혜락 그림 / 오석윤 옮김 / 양철북

## 평화로운 세상을 꿈꾸는 이야기

국내에 소개된 얼마 안 되는 일본 아동문학 작품들은 그네들의 편협한 세계관 때문에 불편하다. 그런데 하이타니 겐지로가 쓴 이 작품은 문학이 추구하는 기본 정신인 따듯한 인간애, 인류애, 평화의 정신과 맞닿아 있어 깊은 울림을 끌어낸다.

이야기의 무대는 고베에 있는 류큐 요리 전문점인 데다노후아 오키나와정이다. 이 곳은 사회적 차별과 전쟁이 가져다 준 깊은 상처를 가진 오키나와 사람들이 끈끈한 정과 공동체 정신으로 살아가는 곳이다. 주인공인 초등 학교

6학년 여자 아이 후쨩은 아버지가 느닷없이 발작을 일으키고 알 수 없는 불안에 떠는 이유를 궁금해하던 중 기천천 오빠 집에서 한 장의 사진을 보고 전율한다. 그것은 모든 것이 파괴되고 타 버린 오키나와 남부의 사진이었다. 후쨩은 오키나와 전쟁과 아빠의 병에는 어떤 관계가 있을 것이라는 의문을 갖고 추적하는 과정에서 오키나와의 비극적인 과거와 만나게 된다.

2차대전 당시 이십삼만 명이 넘는 미군이 오키나와를 기습했는데 이에 맞선 일본군은 그 절반도 되지 않았다. 오키나와 사람들은 용감하게 싸웠지만 처음부터 어른하고 어린애 싸움처럼 말도 안 되는 전쟁이었다. 더구나 일본군은 결전을 바로 앞두고 오키나와를 지키던

156

일본군 삼분의 일가량의 병력을 딴 데로 빼돌렸다. 그 때문에 오키나와 주민 삼분의 일이 처참하게 죽어갔다. 일본군은 일본 본토 주민들을 지키기 위해 오키나와 사람들을 미군의 총알받이로 내몬 것이다.

후짱 아빠는 전쟁이 끝난 지 30년이 지난 후까지도 그 때 받은 충격 때문에 정신을 놓았고 지금도 전쟁 중이라는 환상에서 벗어나지 못해 두려움에 떨고 있는 것이다. 오키나와 사람들은 그들을 지켜 준다고 온 군대에게 수류탄 세례를 받았고 부녀자와 아이들은 죽임을 당해 시체가 겹겹이 쌓여 갔다. 로쿠 아저씨는 한쪽 팔을 잃었고 갓난 아이의 울음소리가 적에게 새어 나갈까 봐 어린 딸을 스스로 죽여야 했다. 와카스키 도키코 아버지는 전쟁 때 공습으로 몸의 반이 탄 채 고통 속에 죽어갔다. 기요시는 함께 살던 누나가 의문의 죽임을 당하고 미군에게 폭행당한 엄마에게 버림받은 채 들개처럼 살면서 엄마에 대한 원망을 쌓아 가야 했다.

작가가 여기서 말하고자 하는 것은 오키나와 사람들이 겪은 이런 비극과 함께 그것을 극복해 가는 과정이다. 후짱은 일본 본토 사람들이 자기들의 안녕을 위해 오키나와 사람들을 전쟁의 불구덩이로 몰아넣은 비인간성에 분노

한다. 그리고 둘레 사람들의 작은 역사를 꾸준히 수집하여, 꼭 알아야 할 일을 무관심하게 그냥 지나쳐 버리는 용기 없고 비겁한 사람이 되지 않으려고 노력한다. 또 아주 괴롭고 절망적인 때에도 진심으로 사람을 사랑하는 마음을 잃지 않겠다고 다짐한다. 거리의 부랑자였던 기요시는 오키나와 사람들의 불행을 발판으로 행복을 누리는 일본 본토 사람들은 잘못되었다고 말한다. 그러나 언젠가는 본토 사람들도 오키나와 사람들의 따뜻함을 본받게 될 거라는 믿음을 갖는다.

이처럼 사회적 차별과 전쟁의 상처로 인한 얼룩진 마음을 타인을 사랑하는 마음으로 아름답게 승화시켜 가는 오키나와 사람들의 따뜻한 인간애가 깊은 감동을 자아낸다.

## 『한밤중 톰의 정원에서』

필리퍼 피어스 글 / 수잔 아인칙 그림 / 김석희 옮김 / 시공주니어

13시의 비밀을 찾아서

인간의 삶은 시간에 의해 좌우된다 해도 지나친 말이 아니다. 우리의 일상은 시간에 의해 나뉘고 사회와 역사는 시간의 흐름에 따라 변화하고, 사람의 의식도 늘 시간의 지배를 받는다. 잠깐이라도 시간의 지배에서 벗어나는 상상을 해 본 적이 있다면『한밤중 톰의 정원에서』는 특별난 감흥을 줄 것이다. 영국 판타지 동화의 걸작으로 꼽히는 이 작품은 현실에 존재하지 않는 13시의 비밀을 추적하는 과정을 다룬다.

톰은 여름 방학 동안 홍역에 걸린 동생 피터를 피해서 이모집으로 간다. 이모네는 오래된 저택을 개조한 다세대 주택인데 현관 한쪽에는 오래되어 낡은 괘종시계가 있다. 잠이 오지 않아 뒤척이던 어느 날 밤, 톰은 괘종시계가 종을 열세 번 치는 소리를 듣는다.

"하루는 오전과 오후로 나뉘어 12시간이 있다. 그런데 종은 13시를 쳤다. 그 시계가 열세 번을 쳤다면 그것은 적어도 어디엔가 13시라는 여분의 한 시간이 있다는 이야기다."

망설이던 톰은 시계 바늘을 확인하기 위해 거실로 내려가 현관문을 열었다가 깜짝 놀란다. 낮에 쓰레기통이 놓여 있던 그 곳에 널찍한 잔디밭, 꽃이 만발한 꽃밭, 울창한 수목으로 꾸며진 아름다운 정원이 있었기 때문이다.

그 곳에서 톰은 해티를 만나 즐거운 시간을 보내지만 아침이 되어 뒷문을 열어 보면 지난 밤의 그 정원은 온데간데 없다. 그리고 정원에서 오랜 시간 동안 보낸 것 같은데 현실로 돌아와 보면

158

시간은 그대로라는 걸 알게 된다. 톰은 현실에 존재하지 않는 시간, 어떤 법칙에도 얽매이지 않는 시간에 대한 의문을 품고 이 의문을 풀어 가기 시작한다. 존재하지 않는 여분의 시간에 대한 비밀을 추적해 가는 과정은 과거와 현재, 환상과 현실을 넘나들면서 각자의 마음속에 있는 욕망을 해소시켜 가는 과정이다.

정원에서 놀고 싶은 마음을 가진 바솔로뮤 부인의 갈망은 자기가 소녀였던 '시간'으로 거슬러 올라가고 거기서 함께 놀 친구와 장소를 애타게 찾는 톰과 만나게 했던 것이다. 상상 속의 정원이라는 판타지 공간과 현실 공간을 교묘하게 넘나들면서 전개되는 이야기는 그 섬세함과 치밀한 구성으로 독자를 꼼짝

없이 빠져들게 할 만큼 매력적이다.

『어린이 책의 역사』(시공주니어)를 쓴 존 로 타운젠트는 '필리퍼 피어스는 문장가로서의 탁월한 재능과 완벽한 구조와 균형을 갖춘 작품을 마무리하는 건축가와 같은 능력을 지니고 있다'고 극찬을 아끼지 않는다.

---

**환상동화, 더 읽어 보세요**

『나니아 나라 이야기 1~7』 C. S. 루이스 글, 폴린 베인즈 그림, 햇살과나무꾼 옮김, 시공주니어
①마법사의 조카 ②사자와 마녀와 옷장 ③말과 소년 ④캐스피언 왕자 ⑤새벽 출정호의 항해 ⑥은의자 ⑦마지막 전투
『숲 속 나라』 이원수 글, 한병호 그림, 웅진닷컴
『피라미호의 모험』 필리퍼 피어스 글, 햇살과나무꾼 옮김, 논장

# 『독수리의 눈』

론 버니 글 / 심우진 그림 / 지혜연 옮김 / 우리교육

## 백호주의에 희생당한 호주 원주민의 역사

새를 잡으려고 마을을 떠나 있던 구답과 그의 사촌 여동생 유당은 백인들이 스물다섯 명의 가족을 한 사람도 남기지 않고 무자비하게 살해하는 과정을 낱낱이 목격한다. 그리고 본능적으로 도망치기 시작한다. 그러나 어디에도 그들이 숨을 곳은 없다. 아이들은 백인을 피해 도망치지만 그들의 발길이 닿는 곳이면 어김없이 백인들이 나타난다. 그리고 칼이 춤을 추는 듯, 놀이를 하는 듯 바람을 일으키면서 사람의 목숨을 베고 또 베어 나간다.

백인에 대한 공포심에 떨던 두 아이는 천신만고 끝에 도망쳐 피부색으로 편을 가르지 않는 '다프리족'을 만나 그들의 일원으로 받아들여져 정착하게 된다. 그러나 백인들은 그 곳까지 찾아와 총칼을 휘두른다. 구답과 유당은 간신히 피신하지만 세상 어디에도 그들이 기다리는 평화는 없는 듯하다.

구답과 유당의 눈으로 바라보는 호주 원주민의 수난사는 백인들의 야만스런 인종 차별주의와 그로 인해 원주민이 멸족되는 과정을 생생하게 고발한다. 유럽인들이 호주에 쳐들어갔을 때 원주민은 50개 부족에 1백만 명가량 있었지만 현재는 전체 인구의 1.9%인 29만 명에 불과하다고 한다. 백인들의 원주민에 대한 학살과 살육이 얼마나 철저하게 이루어졌는지를 가늠하게 한다.

불안한 마음으로 쫓기는 구답과 유당의 여정에 초점을 맞춘 글과 그림은 백인들의 횡포에 짓밟히는 약소민족의 처절한 슬픔을 효과적으로 전달한다.

# 『연오랑 세오녀』

조호상 글 / 류재수 그림 / 산하

## 삼국유사에 실린 옛 이야기

삼국유사에서 12편의 재미있는 설화를 뽑아 실은 책으로, 각 이야기마다 다양한 인물들이 나온다.

알에서 태어나 자신을 해치려는 금와왕의 일곱 아들들을 피해 도망가서 그를 따르는 백성들과 함께 고구려를 건국한 주몽, 주인의 터무니없는 욕심 때문에 종이 될 뻔했다가 바닷가의 바위를 타고 일본으로 가서 왕과 왕비가 된 연오랑과 세오녀, 농사꾼의 몸으로 전쟁에 참가했다가 위험을 무릅쓰고 태자를 구하지만 자신의 용맹을 과시하고 싶은 태자에게 큰 꾸짖음을 듣자 나라에 실망해 깊은 산으로 들어가 산 사람이 된 물계자, 거짓과 욕심이라고는 모르고 살았던 인관과 서조, 혼신의 힘을 기울여 황룡사의 소나무 그림을 그린 화전민 출신 화가 솔거, 임금에게 바른 말을 하여 귀양을 갔다가 세상을 떠난 실혜, 나무 뿌리를 캐어 살아가는 처지로 신라의 선화 공주를 색시로 맞이한 소년 서동이, 무영탑에 얽힌 아사달과 아사녀의 애절한 사랑 이야기 등 가슴이 찡한 감동을 주는 이야기들이다.

가진 자들의 횡포와 불의에 저항하는 사람들, 바르고 정직한 마음으로 살아가는 사람들, 슬기와 지혜로 어려움을 이기는 사람들, 어떤 상황에서도 옳은 일만 위해 살아가는 사람들 이야기가 오늘날에도 의미 있는 주제를 던져 주고 있다. 까마득하게 오랜 옛날 이야기지만 지금 아이들에게도 참된 삶의 의미를 깨우쳐 준다.

# 『잔디숲 속의 이쁜이』

이원수 글 / 이상권 그림 / 웅진닷컴

## 자유를 찾는 개미의 여정

우리 어린이문학을 말할 때 가장 먼저 떠오르는 이름은 이원수이다. 그가 세상을 떠난 지 20년이 가까워 오니 이제 잊혀질 법도 한데 『밤안개』, 『5월의 노래』, 『메아리 소년』 등 그의 작품은 출

판사를 바꾸어 가며 여전히 출판되고 있다. 『잔디숲 속의 이쁜이』도 그 중 하나이다. 이 작품이 나온 1973년 무렵은 우리 나라가 독재정권의 그늘에서 신음하던 때이다. 이 동화는 이쁜이라는 일 개미를 주인공으로 하여 그런 인간 세상의 일을 그려 보이고 있다.

잔디숲 속은 엄격한 규율과 통제로 개인의 자유를 인정하지 않는 개미나라이다. 조금만 쉬거나 잘못하면 채찍이 날아온다. 주인공 이쁜이는 이런 집단 생활에 염증을 느끼고는 '난 명령받고 움직이고 싶지 않아. 그건 바보들이나 하는 일이야' 하면서 탈출을 시도한다. 도망 중 똘똘이를 만나게 되어 함께 가자고 청하지만 그가 겁이 나서 돌아가자 혼자 모험길에 오른다. 그 때부터 이

162

쁜이에게는 온갖 수난이 다가온다. 목장에서 진디 소젖을 빨아 먹다가 이웃 나라 개미에게 잡혀 나무줄기에 허리를 끼이는 벌을 받는가 하면, 애써 지은 집이 비에 젖어 버리기도 하고, 노예로 잡혀 갈 위기도 겪는다. 그럴 때마다 무서움과 외로움에 몸을 떨지만 결코 자유에 대한 소망을 버리지 않는다.

이쁜이는 잔디숲 속이 이웃 나라의 침략을 받았다는 소식을 접하고는 그곳으로 돌아가 침략자에 대항하여 싸우고, 부상병들을 치료하며 나라에 대한 애정을 온몸으로 실천한다. 전쟁터에서 개미들의 참혹한 모습을 본 이쁜이는 침략자들이 악마처럼 밉고 세상이 무섭기만 하다. 그러다가 '죽음과 삶에 대해서 깊은 이치를 아시는' 학자 할아버지를 만나게 된다. 이쁜이는 할아버지에게 지혜와 사랑에 대해서 배우고 힘을 얻는다. 이쁜이는 자기 집을 뻔뻔스런 식객에게 빼앗겨 또다시 어려움에 부딪치지만 학자 할아버지의 도움으로 이겨 낸다. 마침내 이쁜이 앞에도 서광이 비치는데, 똘똘이가 찾아와 결혼식을 올리고 그처럼 소망하던 자유와 사랑의 나라를 이루게 된 것이다.

이쁜이의 모험길을 따라가다 보면 부정한 사회에 저항하는 힘, 개인의 자유와 사랑을 추구하는 정신, 반전과 평화에 대한 소망을 갖게 된다. 더구나 이 동화는 여성을 주인공으로 하여 주체적 여성상을 제시한다. 대개의 동화에서는 여성이 등장해도 변방에 머물거나 수동적으로 그려지는 데 반해 이 동화에서는 여성이 독재의 나라를 박차고 나와 숱한 고난을 겪으면서 마침내 자유와 사랑이 넘치는 나라를 이루는 과정을 힘있게 그려 보인다.

이 동화는 원초적 욕망이라 할지라도 결코 거저 주어지지 않고 그걸 누릴 만큼의 대가를 치르고야 얻어진다는 사실을 깨닫게 한다. 한 사람 한 사람의 가치를 존중하고 자유와 평화를 소중히 여기며, 더불어 살아가는 나라를 이루고자 하는 이원수의 작가정신이 풍부하게 녹아 있는 동화이다. 개미들이 먹이를 구하는 방법, 사랑을 나누며 아기를 낳아 기르는 방법, 의사소통을 하는 방법 등 개미들의 실제 생활을 알아 가는 것도 책읽기의 즐거움을 더해 준다.

6학년

**이원수 문학 기행을 떠나 보세요**
창원 산호공원의 「고향의 봄」 노래비, 이원수·최순애 부부가 살았던 신혼 살림집, 함안 독서회 사건으로 옥살이를 했던 마산 교도소, 이원수 선생님이 다녔던 마산 공립 보통 학교, 해방 전까지 근무했던 함안 금융조합, 「고향의 봄」 무대인 창원 소답동을 둘러볼 수 있다. 〈마산문화원〉의 안내를 받을 수 있다.

# 『괭이부리말 아이들』

김중미 글 / 송진헌 그림 / 창작과비평사

## 희망의 씨앗을 뿌리며 살아가는 아이들

이 책의 배경이 되는 인천 만석동의 '괭이부리말'이라는 마을 이름은 예전에 근처에 고양이 섬이 있었다고 해서 불리기 시작했다고 한다. 인천에서도 오래된 달동네로 불리는 그 곳은 일제강점기에 가난한 식민지 노동자들이 일자리를 찾아서 들어오고, 한국전쟁 때 황해도에 살던 사람들이 피난 와서 돌아가지 못해 주저앉고, 산업화 시기에는 가난한 농촌 사람들이 올라와서 마을을 이룬 곳이다. 여기서 공부방을 운영하는 작가 김중미는 달동네 아이들과 어우러져 살아가면서 도무지 희망이 보이지 않을 것 같은 암울한 괭이부리말 아이들의 희망을 찾아내 그려 보인다.

괭이부리말 사람들은 하루 벌어 또 하루를 살아가기 때문에 아이들을 돌볼 여유가 없다. 그래서 부모가 있어도 고아 처지인 아이들이 많다. 골목 끝에 자리잡은 집에서 어머니를 여의고 아버지

마저 집을 나가 학교에서 주는 급식으로 끼니를 해결하는 동준·동수 형제, 술주정뱅이 아버지를 버리고 집을 나간 엄마를 기다리며 살아가는 숙희·숙자 쌍둥이 자매, 아버지의 매질에 머리가 깨진 채 집을 나온 명환이, 크리스마스 때 버려진 호용이가 그들이다. 이 아이들은 라면 몇 개로 끼니를 때우기도 하고 동네 불량배들과 어울려 본드를 마시다가 경찰서를 들락거리기도 한다. 암으로 어머니를 잃은 청년 영호는 삶의 지주였던 어머니를 잃고 혼자가 된 채 서성인다.

이들은 너나없이 가난을 벗 삼아 살가운 말 한 마디, 따뜻한 눈길에 목말라 하며 괭이부리말을 지킨다. 이들에게는 도무지 희망의 싹이라고는 보이지 않는 듯하다. 그러나 작가는 괭이부리말 아이들과 청년 영호와 다시는 괭이부리말에 마음을 두지 않겠다고 다짐하던 김명희 선생을 하나로 이어지게 하고 거기서 희망의 싹을 틔운다. 영호는 구더기가

들끓고 담이 무너져 내리는 집에서 동준이 형제를 데려오고 명환이와 호용이를 데려와 형이 되고, 삼촌이 되고, 아버지가 되고, 엄마가 되기를 자청한다. 하지만 동수는 영호가 내민 손을 선뜻 잡지 않아 애를 태운다. 하지만 영호의 정성이 동수의 마음을 조금씩 열게 하고, 동수와의 만남을 계기로 김명희 선생님 마음도 조금씩 열리면서 괭이부리말에는 봄바람 같은 훈풍이 감돌기 시작한다. 야간 공고에 진학하여 꼬박꼬박 월급을 받을 수 있는 기술자가 되고, 듬직한 형이 되고, 좋은 아버지가 되겠다는 동수의 소박한 소망에서 괭이부리말의 희망을 읽는다.

이 작품은 꿈같이 예쁜 동화가 아니라 경제 성장의 이면에 드리워진 우리 자화상이라 할 수 있다. 거칠고 황량한 괭이부리말에서 고단한 삶을 이어 가는 우리 이웃들과 우리 아이들에게서 희망을 건져 올린 작가의 건강함이 믿음직스럽다.

# 『구름』

구드룬 파우제방 글 / 김헌태 옮김 / 일과놀이

# 핵의 위험을 경고하는 책

"슐리츠 지역 재난관리국에서 시민 여러분께 다음과 같은 사항을 알려드립니다. 그린 원자력 발전소에서 갑자기 일어난 사고로 방사능이 누출되었습니다."

야나는 수업 중에 갑자기 경보 사이렌이 울리면서 들려 온 학교 방송에 따라 영문도 모른 채 집으로 가던 중 원자력 발전소 사고로 방사능이 유출되었음을 알게 된다. 일 때문에 지방에 내려간 엄마 아빠 대신 동생 울리를 데리고 피난길에 오르지만 울리는 중간에 사고로 목숨을 잃고 야나는 방사능에 오염된 채 폭우 속을 헤맨다.

핵 사고로 인해 홀로 남은 야나는 견디기 힘든 정신적, 물리적 고통을 겪는다. 특히 방사능에 오염된 사람들에 대해 갖는 주변인들의 차가운 시선, 다가오는 죽음의 공포는 끔찍하기만 하다. 전 세계에는 지구를 수십 번 폭파하고도 남을 만큼의 핵이 있다고 한다. 야나가 겪는 비극은 언젠가는 사용할 수밖에 없는 핵의 위험에 노출되어 있는 인류에게 가공할 만한 핵의 위력에 대해 경고한다.

저자 구드룬 파우제방은 1928년 체코에서 출생하여 칠레와 베네수엘라의 독일인 학교에서 아이들을 가르쳤다. 1972년 이후 지금까지 작가로 활동하면서 환경보호, 평화와 정의를 다룬 책을 주로 쓴다. 순박한 영국인 노동자 부부가 겪는 핵전쟁의 참상을 만화 스타일로 보여 주는 『바람이 불 때에』(시공주니어)와 함께 읽어도 좋다.

『북경 이야기 1, 2』

린하이윈 글 / 관웨이싱 그림 / 방철환 옮김 / 베틀 · 북

# 아이 눈에 비친
# 어른들의 인생 이야기

이 작품은 1920년대를 거쳐 1930년대에 이르는 중국 베이징 남쪽의 한 마을을 배경으로 한다. 중국 베이징의 풍광과 등장인물, 옷차림, 그들의 다채롭고 풍부한 감정까지도 세밀하게 묘사한 수채화풍의 매력적인 그림이 돋보이는 책이다. 대단히 시적인 분위기를 가진 글에서는 여든이 넘은 노작가의 연륜이 빚어 내는 품위가 느껴진다.

주인공 잉쯔가 천진한 일곱 살 아이의 눈으로 겨울 햇살 아래 들리는 낙타의 방울 소리를 듣는 장면부터 시작하여 세상이라는 바다와 처음 만나는 열세 살까지 격변의 한 시대를 살아간 이야기가 담백하게 전개된다. 호기심 많은 아이의 눈으로 본 세상은 거센 파도가 끊임없이 밀려오는 바다와도 같다. 사랑

하는 사람과 아이를 낳았지만 남자는 떠나고 아이마저 잃고 그 상처로 미쳐 버린 여관 문지기 딸 슈전, 양부모의 모진 학대에 시달리다가 친엄마를 찾아 나서는 뉴얼, 동생의 학비를 대기 위해 도둑이 되어야 했던 아저씨, 열여섯 나이에 늙은 영감의 첩으로 팔려 온 란 이 냥, 가난 때문에 자기 자식을 키우지 못하고 남의 집 유모가 된 쑹 마, 이들은 다가왔다 떠나기를 반복하면서 잉쯔가 성장하는 데 밑거름이 되어 준다.

잉쯔는 아버지가 폐병으로 세상을 떠난 뒤 '아버지의 꽃은 지고 나는 더 이상 어린애가 아니다'라고 되뇌면서 유년의 껍질을 벗어 버린다. 한 시대를 살아가면서 함께 어려움을 나눈 이들과의 삶이 따뜻하게 다가온다.

학무모에게 권하는 책

# 『아동문학 입문』

이원수 글 / 소년한길

# 아동문학 길라잡이

우리 나라 아동문학의 역사는 1920년 대부터 시작된다. 이원수는 열다섯 살 되던 해에 소파 방정환이 내던 잡지 〈어린이〉에 동요 「고향의 봄」을 발표하면서 아동문학의 길로 들어섰다. 그리고 1981년 세상을 떠날 때까지 동화, 동시, 옛이야기, 아동문학평론 등 다양한 영역의 글을 쓰면서 우리 아동문학의 방향을 정립했다. 그 중에서도 이원수 문학의 진수를 맛볼 수 있는 영역은 아동문학 평론이다.

1부 '아동문학이란 무엇인가'는 아동문학의 개념을 정립하는 글이다. 아동문학의 개념과 기능, 아동문학의 형태와 발생, 동요론, 자유시론, 동화론, 소년소설론, 동극론 등을 다룬다.

2부 '아동문학 어떻게 할 것인가'에서는 아동문학이 아이들에게 어떻게 다가갈 것인가, 아동문학의 방향은 어떠해야 하는가, 아동문학이 교육에 미치는 영향은 무엇인가 등 아동문학이 나아갈 방향에 대한 관점을 다룬다.

3부 '동화와 동시를 말한다'에서는 동화의 특성과 현대동화의 발생 과정, 동화가 갖는 교육적 의미와 사회적 임무, 동화작가의 태도, 동시론 등에 대해서 이야기한다.

아동문학은 어디까지나 생생한 실감과 깊은 감동에 의해서 독자인 아이들을 이끌어 가야 한다고 말하는 이원수 선생의 육성을 듣는 듯하다. 평생 아동문학의 어른으로 살면서 아동문학의 길라잡이 역할을 해 온 이원수의 문학 정신을 확인하게 된다.

# 『농사꾼 아이들의 노래』

이오덕 글 / 정현웅 그림 / 소년한길

## 권태응 동요 이야기

'자주 꽃 핀 건 자주 감자./캐 보나 마나 자주 감자.'

1960년대 초등 학교를 다닌 사람이면 누구나 불렀을 노래 「감자꽃」이다. 이 노랫말을 쓴 권태응은 1918년에 태어나 1951년에 세상을 떠난 동요시인이다.

권태응이 동요를 쓰던 때는 우리 나라 사람들 열 명 중 여덟 명이 농사를 짓던 때였다. 그래서인지 권태응이 쓴 동요에는 자연과 어우러져 살아가는 아이들 모습이 아름다운 영상처럼 흐른다. 이오덕은 이 책에서 권태응의 작품 세계를 조목조목 짚어 가며 우리 겨레가 자연을 사랑한 농사꾼의 나라였음을 밝혀 낸다. 자연에서 일하며 빛나는 땅의 문화를 일궈 온 우리 겨레가 이 땅의 주인으로 살아온 모습을 밝혀 낸다.

1부에서는 권태응의 일생과 작품 세계를 밝힌다. 2부 '자연과 함께 살아가는 노래'에서는 풀과 나무와 짐승과 벌레와 동무하며 들판과 하늘과 바람과 함께 살아가는 아이들의 삶을 그린 권태응의 동요 세계를 조명한다. 3부에서는 운율이 살아 있는 권태응 동요의 참 맛을 드러내 보여 준다.

아동문학을 바라보는 잣대를 주요 작가들의 작품 세계와 함께 밝혀 보인 『시정신과 유희정신』(창작과비평사), 최근 아동문학 문단의 고질적 병폐를 호되게 질타하면서 문학과 교육의 바른 길을 제시하는 『어린이 책 이야기』(소년한길) 등과 함께 읽으면 좋겠다.

『책 · 어린이 · 어른』

폴 아자르 글 / 햇살과나무꾼 옮김 / 시공주니어

서구 아동문학의
의미에 대하여

프랑스 아동문학가 폴 아자르(1878-1944)는 이 책에서 유럽 여러 나라의 대표적인 아동문학을 비교 분석하면서 아동문학이 각 나라의 국민성과 역사에 얼마나 많은 영향을 끼쳤는가를 말한다. 우리 나라 부모들이 열광해 마지않는 서구 명작들이 자리잡는 과정, 그 동화들이 갖는 의미 등을 밝혀 낸다. 그것은 어린이를 바라보는 관점, 좋은 책을 보는 관점을 세워가는 길잡이 역할을 해 준다. 또한 부모라면 누구나 가장 고민하는 일 가운데 하나인 좋은 책을 판단하는 잣대를 명쾌하게 제시한다.

'나는 예술의 본질에 충실한 책을 사랑한다. 그것이 어떤 책인가 하면 직관에 호소하고 사물을 직접 느낄 수 있는 힘을 어린이에게 주는 책, 어린이들도 읽자마자 이해할 수 있는 소박한 아름다움을 지닌 책, 어린이들의 영혼에 깊은 감동을 주어 평생 가슴 속에 추억으로 간직되는 책, 그런 책 말이다. (중략) 어린이들에게 감상이 아니라 감수성을 자각시켜 주는 책, 인간다운 고귀한 감정을 어린이들의 마음에 불어 넣는 책, 동식물의 생명뿐 아니라 그 만물의 영장인 인간 속에 있는 신비스러운 것을 헛되이 하거나 소홀히 하는 마음을 결코 어린이들에게 심어 주지 않는 책, 그런 책을 나는 사랑한다.'

어린이와 아동문학에 대한 날카로운 통찰력을 지닌 폴 아자르가 말하는 어린이와 어린이 책에 대한 인식은 오늘날 우리 나라 부모들에게 여러 가지 면에서 시사하는 바가 크다.

# 『어린이 책을 읽는 어른』

이주영 글 / 웅진닷컴

## 어린이 책의 문화에 대하여

저자는 '겨레의 희망 어린이에게 좋은 책을' 읽히자고 외치면서 초등 학교 교육 현장과 어린이문화운동의 현장을 뛰어다니며 체득한 책의 문화에 대한 철학을 펼쳐 보인다. 그는 아이들이 좋은 책을 읽는 습관을 갖게 하려면, 어른이 먼저 동화를 읽으라고 한다.

세계명작동화에 담긴 가치관이 우리 아이들을 얼마나 병들게 하는지, 무분별한 서양 동화 선호 풍토를 비판하면서 우리 아이들에게 우리 동화를 읽힐 수 있는 방법을 여러 방향에서 제안한다. 그 중 하나는 어린이와 함께 어린이 책을 읽는 어른이 되자는 것이다. 동화 읽는 모임을 만들어 우리 창작동화를 읽게 하고, 우리 현실에 맞는 어린이 책 사랑방 운동을 벌이자고 한다. 그리고 우리 아이들을 위한 어린이문화를 가꾸어 가자고 한다. 이와 함께 영역별로 어린이 책 고르는 지침을 전달하고, 책을 읽은 다음의 지도 방법 등에 대해서 자세히 안내한다. 풍부한 현장 경험이 녹아 있어 어린이 책 문화에 대한 이해를 높인다.

어린이독서지도에 대한 정보를 주는 아래의 책과 함께 읽으면 좋겠다.

> **더 읽어 보세요**
> 『어린이에게 좋은 책을』 이주영 글, 너른들
> 『어떻게 하면 내 아이가 책을 좋아하게 될까』 곽정란 글, 차림
> 『독서를 좋아하는 아이로 기르기 위한 50가지 방법』 캐시. A. 제일러 글, 최이정 옮김, 문원

『아담을 기다리며』

마사 베크 글 / 김태언 옮김 / 녹색평론사

# 다운 증후군 아이가 준 특별한 선물

　마사 베크는 하버드의 엘리트들이 다 그렇듯이 오직 경제적·사회적 성공이라는 지상 목표에 도달하기 위해서 임신을 포기한 채 치열한 경쟁을 벌이고 있었다. 그러다 원치 않는 임신을 했고, 임신 수개월 후 그 아이가 다운 증후군을 가진 장애아라는 사실을 확인한다.

　장애를 가진 아이와 함께 살아간다는 것은 모든 것을 포기하고 형벌과도 같은 삶을 살아야 한다는 것을 의미한다. 하버드 사람들은 그녀에게 한결같이 임신중절을 권했다. 심지어 할머니와 할아버지가 될 사람들조차도 아직은 뱃속에 있는 아이에 대한 거부감을 노골적으로 드러냈다. 아이는 뱃속에서 엄마와 아빠에게 말할 수 없는 고통과 절망과 불안을 주기도 했다. 하지만 말로 형언할 수 없는 신비한 느낌으로 다가와 그를 사랑하도록 했다.

　마사는 아이를 낳기로 결심했고, 아이가 태어난 후 세상이 달라 보였다. 극한 자본주의를 지향하는 사회 속에 감추어진 추악한 인간의 모습이 보였다. 그는 인생에서 가장 소중한 것을 학교가 아니라 단 한 사람 자신의 아들에게서 배웠다고 했다. 사소한 것에 감추어진 삶의 기쁨을 발견하는 행운을 얻었으며, 잘못 살아 온 자신의 인생을 되돌아보게 되었다고 했다.

　다운 증후군 아이가 선물한 특별한 삶의 기쁨을 재기발랄한 문장으로 기록한 이 책은 세상의 모든 부모들에게 따듯하고도 풍부한 마음의 선물을 준다.

# 『살아 있는 글쓰기』

이호철 글 / 보리

## 글은 짓는 것이 아니라 쓰는 것이다

글쓰기는 말을 할 수 있는 사람이면 누구나 할 수 있다. 생각하고, 경험하고, 느낀 것을 쓰는 것이다. 글쓰기는 삶을 가꾸는 교육이다. 이것이 교사 이호철이 아이들과 함께 하는 글쓰기의 철학이다. 아이들은 오랫동안 글짓기라는 말에 억눌려 경험하지 않는 것을 글로 지어 내는 고통을 겪어야 했다. 현직 초등 학교 교사인 이호철은 20여 년 간 아이들을 직접 가르쳐 온 경험을 살려 아이들과 함께 하는 살아 있는 글쓰기 교육의 실제를 몽땅 털어 놓는다.

기존의 책들처럼 이론 중심이 아니라 아이들이 직접 쓴 감동적인 글들을 예로 들어가면서 글쓰기 교육의 실천적 방법들을 생생하게 들려 준다. 이 방법을 적용하면 누구나 글쓰기를 쉽게 가르칠 수 있고, 좋은 글과 좋지 않은 글도 쉽게 구별할 수 있으며, 글쓰기 교육에 대한 자기 철학을 가질 수도 있겠다. 그 때 그 순간의 감동을 되살리는 시, 마음의 문을 열고 쓰는 이야기글, 맺힌 마음을 풀어 주는 글을 쓸 수 있을 것이다.

이호철이 제시하는 글쓰기 교육 방법은 아이들을 인간답게 기르고자 하는 부모와 교사 모두에게 충실한 안내자 역할을 할 것이다.

> **이호철 선생님이 엮은 책, 더 읽어 보세요**
> 『재미있는 숙제, 신나는 아이들』 보리
> 『학대받는 아이들』 보리
> 『살아 있는 그림 그리기』 보리
> 『공부는 왜 해야 하노』 산하
> 『비 오는 날 일하는 소』 산하

# 『그림으로 읽는 아이들 마음』

나카시니 요시오 글 / 김장일 옮김 / 사계절

## 아이들은 그림으로 말한다

아이들은 그림 그리기를 좋아한다. 그림을 그릴 수 있는 여지만 있다면 때와 장소를 가리지 않고 그린다. 아이들의 그림에는 아이들이 바라는 일, 슬픔, 기쁨, 불안, 울음 따위가 그대로 나타난다고 한다. 즉 어른들이 헤아리지 못하는 아이들 마음에 잠재된 무수한 일들이 나타난다는 것이다. 이 책에서 저자는 이런 아이들의 그림을 보면서 마음 상태를 읽고 진단한다. 아이들 마음을 짓누르고 있는 온갖 문제를 해결하는 열쇠를 찾아 주고자 한다.

아이들이란 먹여 주고, 재워 주고, 가르쳐 주기만 하면 다 해결되는 존재로 알고 있는 어른들이 있다. 그러나 아이들은 그들 나름대로 세상을 살아가는 주체이다. 그들은 부모의 이혼으로 상처

를 받기도 하고, 따돌림으로 마음의 안정감을 잃어 불안에 떨기도 한다. 학교 성적 때문에 형제들과 비교를 당하느라 마음을 앓기도 하고, 부모의 지나친 기대로 심한 스트레스를 받거나 우울증을 앓기도 한다. 그래서 갓난아이로 되돌아가고 싶다고도 하고, 사소한 일조차 울음으로 해결하려 들기도 한다. 심지어는 엄마를 죽이고 싶다는 아이도 있다.

아이들은 이런 마음을 다양한 방법으로 어른들에게 전달하며, 도움을 달라고 호소한다. 그렇지만 어른들은 아이들 마음이 내는 소리를 듣지 못하고 물리적으로 해결하려 한다. 저자는 아이들의 그림을 통해서 아이들과 부모 사이의 문제를 해결하는 열쇠 하나를 쥐어 준다.

# 『디즈니 순수함과 거짓말』

헨리 지루 글 / 성기완 옮김 / 아침이슬

## 월트 디즈니의 문화권력을 해부한다

우리 아이들의 문화는 '디즈니'로부터 시작된다고 해도 지나친 말이 아닐 것이다. 아이들은 세상에 태어나는 순간 이른바 세계명작으로 불리는 '인어공주', '알라딘', '백설공주' 등 디즈니의 상품과 함께 자란다. 디즈니는 애니메이션 명작동화로부터 장난감, 게임, 비디오, 의류, 문구류, 신발까지 모든 일상생활에 깊숙이 파고 들어와 아이들의 문화를 지배하고 있다.

미국의 문화비평가 헨리 지루는 세계적으로 막강한 문화권력을 행사하고 있는 디즈니가 문화와 정치와 교육에 어떻게 영향력을 발휘하는지 드러낸다. 디즈니의 상품에는 미국 중심적 사고가 가득해 유색인종에 대한 차별, 성 차별 의식 등이 곳곳에 깃들어 있다. 헨리 지루는 월트 디즈니가 어린이의 순수함이라는 이름을 가장하여 전세계를 문화·경제·정치적으로 장악하려는 야심을 가진 거대한 기업이라는 사실을 비판한다. 즉 겉으로는 순수한 동심을 표방하면서 이면에는 어린이를 자신의 소비자로 만들어 버리려 하는 야심을 갖고 있다는 점을 고발하는 것이다.

저자는 디즈니가 소비지향에서 벗어나 주도적인 문화 생산자로서 거듭나야 한다고 주장한다. 디즈니가 주도하는 소비문화에 매몰된 우리 아이들에게 문화적 저항력을 키워 주기 위해서 디즈니에 대한 환상을 깨고 철저한 감시와 비판을 해야 한다는 사실을 인식하게 한다.

# 『오래된 미래』

헬레나 노르베리 호지 글 / 김종철 옮김 / 녹색평론사

## 자연의 일부로 살아가는 사람들

이 책은 히말라야 고원에 있는 작은 마을 라다크에서 생태적 지혜를 발휘하며 자연과 더불어 자연의 일부로 살아가는 사람들에 대한 이야기이다. 라다크 사람들은 자연의 일부로 살아간다. 공업적인 생산과 소비의 과정이 없으니 낭비도 오염도 없다. 아이들은 자연스럽게 땅과 어울려 살아가는 법을 배우며 가난하다거나 부족하다는 인식이 없다. 그들은 문명사회가 추구하는 지식과 부와 명예를 통해서 자신의 존재 가치를 드높이고자 하지 않는다. 물질적이거나 기술적으로 편리하지는 않더라도, 주어진 것을 나누며 평등하고 자유롭게 살아가는 데 만족한다. 그러니 그들에게는 부족함이란 있을 수 없다.

그런데 1975년 인도 정부는 서구식 개발을 결정했다. 그로 인해 라다크인들의 삶은 급진적으로 변화했다. 문명의 달콤함을 제공한 개발은 이제까지 라다크인들이 누려 왔던 행복을 빼앗고 그 대신 가난, 열등감 같은 독약을 안겨 준 꼴이 되고 말았다. 문명의 물결이 거세질수록 그들의 불행은 깊어지는 비극적 상황에 놓이게 된 것이다.

저자는 라다크인들에게 그들 앞에 놓인 비극적 상황을 이해시키고자 했다. 그리고 세계인들에게 개발을 막아야 한다고 주장했다. 그것이 라다크인들의 행복을 지키는 것이며 인류의 미래에 희망을 줄 수 있는 것이기 때문이었다. 이 책은 서구문명이 인간과 자연에 행한 폭력을 비판하면서 생태적 조화를 강조한다.

# 『잃어버린 교육 용기』

요한 크리스토프 아놀드 글 / 전의우 옮김 / 쉼터

## 아이에 대한 믿음을 잃지 말라

저자는 세상에서 가장 아름다운 개신교 영성공동체로 손꼽히는 영국의 브루더호프 공동체의 리더이다. 여덟 명의 자녀를 둔 아버지이고, 22명의 손주를 둔 할아버지이며, 36년 넘도록 가정 문제를 상담해 온 상담사이기도 하다. 그는 이 책에서 오늘날 부모와 교사들이 알아야 할 자녀 교육의 본질적인 의미들을 제시한다.

대개 부모는 아이들의 행복을 위하여 자신의 삶을 희생한다고 생각한다. 바쁘게 움직이며 돈을 벌고 모으는 것이 바로 아이들을 위해서라는 것이다. 그런데 아이들은 부모와 함께 있고 싶고, 부모의 사랑을 확인하고 싶어한다. 즉 아이들의 행복은 물질적인 풍요를 얼마나 누리냐에 달려 있지 않다는 것이다.

아놀드는 책에 여백이 필요하듯이 아이들에게도 스스로 자랄 공간이 필요하다고, 아이들이 부모의 장단에 맞추어 누리는 과도한 물질적 혜택에서 벗어나게 해야 한다고 말한다. 그리고 어른들의 의도와 상관없이 하고 싶은 대로 할 수 있는 시간을 갖게 하라고, 피곤해서 더 이상 놀 수 없을 때까지 마음껏 놀게 해야 한다고 주장한다. 그러면 아이는 다른 사람의 행복을 위해 자신을 희생할 줄 아는 어른이 될 것이라고 말한다. 아이를 훈계하기를 두려워하지 말고, 그 아이가 뉘우친다고 느껴질 때는 즉시 그리고 완전히 용서하는 것을 잊지 말라고 한다. 아이가 아무리 말썽을 피워도 아이에 대한 믿음을 끝끝내 잃지 말라고 한다.

# 지역별 어린이 도서관

| 지역 | 도서관명 | 소재지 | 전화번호 |
|------|---------|--------|----------|
| 서울 | 개포1동문고 | 강남구 개포1동 | 02-3461-6082 |
| | 고덕1동문고 | 강동구 고덕1동 | 02-442-0916 |
| | 날마다자라는나무 | 광진구 자양3동 | 02-455-0605 |
| | 금천은행나무어린이문고 | 금천구 시흥5동 | 02-892-7894 |
| | 감자꽃어린이도서관 | 노원구 공릉2동 | 02-972-1005 |
| | 노원어린이도서관 | 노원구 중계4동 | 02-933-7144 |
| | 꿈틀도서관 | 동대문구 전농3동 | 02-2243-2315 |
| | 신대방1동문고 | 동작구 신대방1동 | 02-832-6572 |
| | 성동청소년문화의집문고 | 성동구 금호동3가 | 02-2236-2678 |
| | 책읽는엄마책읽는아이 | 성동구 행당동 | 02-2297-5935 |
| | 두껍아두껍아(솔내음교회) | 영등포구 당산동 | 02-2631-2534 |
| | 푸른도서관 | 용산구 청파3가 | 02-713-2224 |
| | (은평)신사종합사회복지관 어린이도서관 | 은평구 신사1동 | 02-376-4141-2 |
| | 은평사랑어린이도서관 | 은평구 응암1동 | 02-353-3173 |
| | 사직어린이도서관 | 종로구 사직동 | 02-722-1379 |
| | 느티나무어린이도서관 | 중구 신당2동 | 02-3298-0918 |
| | 한밀어린이도서관 | 중랑구 면목5동 | 02-432-1691 |
| | 하예성어린이문고 | 중랑구 면목6동 | 02-432-0675 |
| 경기/인천 | 꿈꾸는동화나라 | 고양시 일산구 대화동 | 031-913-7924 |
| | 웃는책 | 고양시 일산구 백석동 | 031-914-9279 |
| | 동녘작은도서관 | 고양시 일산구 풍동 | 031-903-2768 |
| | 강아지똥도서관 | 고양시 일산구 일산2동 | 031-975-0182 |
| | 어린이도서관 푸른꿈 | 고양시 일산구 일산3동 | 031-917-2768 |
| | 애기똥풀 | 구리시 인창동 | 031-565-3066 |
| | 아이다에듀 | 구리시 수택동 | 031-556-2971 |

# 지역별 어린이 도서관

| 지역 | 도서관명 | 소재지 | 전화번호 |
|---|---|---|---|
| 경기/인천 | 아름드리 | 성남시 분당구 야탑동 | 031-705-0612 |
| | 책이랑 | 성남시 중원구 상대원1동 | 031-732-7004 |
| | 열린문고 | 수원시 장안구 화서2동 | 031-245-3273 |
| | 작은키나무 | 안양시 동안구 귀인동 | 031-383-4760 |
| | 백석느티나무 | 양주군 백석면 복지리 | 031-826-9209 |
| | 느티나무도서관 | 용인시 수지구 동천동 | 031-262-3494 |
| | 꿈이있는어린이도서관 | 의정부시 금원동 | 031-872-6555 |
| | 아름드리도서관 | 인천시 부평구 일신동 | 032-528-7845 |
| | 청개구리어린이도서관 | 인천시 부평구 산곡3동 | 032-521-2040 |
| | 맑은샘도서관 | 인천시 부평구 청천동 | 032-507-1933 |
| | 한길도서관 | 인천시 서구 신철동 | 032-582-6083 |
| | 미추홀도서관 | 인천시 연수구 연수1동 | 032-812-0032 |
| | 늘푸른어린이도서관 | 인천시 연수구 연수2동 | 032-818-1140 |
| | 하얀초록어린이도서관 | 파주시 금촌동 | 031-943-0322 |
| | 가나안어린이도서관 | 평택시 서정동 | 031-665-8080 |
| | 한신책마을 | 화성시 태안읍 | 031-235-8636 |
| 강원 | 두란노어린이 도서관 | 홍천군 홍천읍 갈마곡리 | 033-434-9182 |
| | 속초어린이문고 | 속초시 청호동 | 033-633-4233 |
| 충청/대전 | 모퉁이어린이도서관 | 대전시 유성구 전민동 | 042-861-6296 |
| | 참도깨비어린이도서관 | 청주시 상당구 우암동 | 043-257-0977 |
| | 초롱이네도서관 | 청주시 상당구 용암동 | 043-296-5050 |
| 경상/부산 | 초롱초롱어린이도서관 | 남해군 고현면 | 055-862-9759 |
| | 샘터꿈의도서관 | 부산시 남구 대연3동 | 051-628-6009 |
| | 들꽃이야기 | 부산시 남구 대연5동 | 051-621-9577 |
| | 맨발동무문고 | 부산시 북구 화명동 | 051-333-2263 |
| 제주 | 설문대어린이도서관 | 제주시 연동 | 064-749-0070 |

# 지역별 어린이 도서관

| 지역 | 도서관명 | 소재지 | 전화번호 |
|------|----------|--------|----------|
| 인표어린이 | 인표어린이도서관 본부 | 서울시 종로구 사직동 | 02-767-9531 |
| | 북부 인표어린이도서관 | 서울시 노원구 상계1동 | 02-938-8576 |
| | 장선 인표어린이도서관 | 부산광역시 북구 구포3동 | 051-336-7007 |
| | 광주 인표어린이도서관 | 광주광역시 북구 오치동 | 062-264-5308 |
| | 구로 인표어린이도서관 | 서울시 구로구 구로3동 | 02-852-0525 |
| | 진도 인표어린이도서관 | 전남 진도군 진도읍 성내리 | 061-544-2018 |
| | 태백 인표어린이도서관 | 강원도 태백시 황지1동 | 033-553-3454 |
| | 월곡 인표어린이도서관 | 서울시 성북구 하월곡1동 | 02-916-9194 |
| | 대전 인표어린이도서관 | 대전광역시 대덕구 법동 | 042-623-9589 |
| | 인천 인표어린이도서관 | 인천광역시 북구 삼산동 | 032-529-8609 |
| | 대구 인표어린이도서관 | 대구광역시 달서구 월성동 | 053-634-7230 |
| | 청주 인표어린이도서관 | 충북 청주시 수곡동 | 043-288-1428 |
| | 연제 인표어린이도서관 | 부산광역시 연제구 연산3동 | 051-862-6371 |
| | 가양 인표어린이도서관 | 서울시 강서구 가양3동 | 02-2668-9814 |
| | 전주 인표어린이도서관 | 전주시 완산구 동완산동 | 063-287-6417 |
| | 연길 인표어린이도서관 | 中國 吉林省 延吉市 豊收胡洞 | 86-433-322-4168 |
| | 용정 인표어린이도서관 | 中國 吉林省 龍井市 繁榮路 | 86-433-322-4168 |
| | 심양 인표어린이도서관 | 中國 療寧省 瀋陽市 蘇家屯區 | 86-248-981-5061 |
| | 도문 인표어린이도서관 | 中國 吉林省 圖們市 明星路 | 86-433-722-2035 |
| | 하얼빈 인표어린이도서관 | 中國 黑龍江省 哈彌賓市 南岡區 | 86-451-362-6891 |
| | 훈춘 인표어린이도서관 | 中國 吉林省 琿春市 靖和街 | 86-440-751-3063 |
| | 사할린 인표어린이도서관 | 러시아 유즈노 사할린스크시 | 7-42425-51717 |
| | 알마티 인표어린이도서관 | 카자흐스탄 알마티 한국교육원 | 7-3272-468931 |

찾아보기

185

## ㅇ

# 교과서에
## 수록된
### 푸른책들

〈푸른책들〉이 교과서에 가장 많이 실렸어요!
우수한 작품성을 인정 받은 〈푸른책들〉의 동화·동시가
몇 학년 몇 학기 교과서에 실렸는지
우리 함께 찾아볼까요?

**푸른책들** www.prooni.com 137-891 서울시 서초구 양재동 115-6 푸르니 빌딩 2층
Tel. 02-581-0334~5 | Fax. 02-582-0648 | Email. prooni@prooni.com

전학년 권장

## 별을 사랑하는 아이들아 윤동주 동시집

2-2 『쓰기』: 동시 「눈」

일제 강점기의 어려운 시절을 살면서도 맑고 따뜻한 마음을 잃지 않았던 민족 시인 윤동주의 동시 47편을 한데 모은 동시집이에요.

• 책으로 따뜻한 세상 만드는 교사들 추천도서
• 어린이도서연구회 권장도서

전학년 권장

## 얘, 내 옆에 앉아! 연필시 동시집

2-1 『읽기』: 동시 「눈치챈 바람」
4-2 『읽기』: 동시 「몸무게」
5-1 『읽기』: 동시 「바람과 풀꽃」

우리 나라를 대표하는 9명의 시인들이 쓴 이 동시집을 읽으며 여러분도 시인이 되어 보세요!

• 한우리독서문화운동본부 필독도서   • 소년조선일보 추천도서

1~3학년 권장

## 아기개미와 꽃씨 조장희 동화집

3-1 『읽기』: 동화 「진주를 품은 조개」

이 동화집에는 온갖 생명들이 들려 주는 소중하고 아름다운 동화 16편이 실려 있어요. 너무 작고 하찮아 무심코 지나치는 생명일지라도 소중히 안아 보듬어 주는 작가의 따스한 마음을 엿볼 수 있지요.

• 대한민국문학상 수상작   • 어린이도서연구회 권장도서

1~4학년 권장

## 붕어빵 아저씨 결석하다 초록손가락 동시집

3-1 『읽기』: 동시 「전깃줄」
3-2 『읽기』: 동시 「동생 때문에」
4-2 『말하기 · 듣기 · 쓰기』: 동시 「해님이 가는 곳」
5-1 『말하기 · 듣기 · 쓰기』: 동시 「웃는 기와」

10명의 시인들이 펼쳐 놓은 동시의 들판에서 반딧불처럼 반짝반짝 빛나는 동시를 찾아 보세요.

• 동화읽는가족 추천도서   • 한우리독서문화운동본부 필독도서